THÉATRES FRANÇAIS.

ŒUVRES

DE

REGNARD

TOME 1.

PARIS,
CHEZ MARTIAL ARDANT FRERES, ÉDITEURS,
rue Hautefeuille, 14.

LIMOGES,
A LA MEME LIBRAIRIE.

THÉATRES FRANÇAIS.

ŒUVRES
DE
REGNARD.

TOME 1.

THÉATRES FRANÇAIS.

OEUVRES DE REGNARD.

TOME 1.

PARIS,
CHEZ MARTIAL ARDANT FRERES, EDITEURS
Rue Hautefeuille, 14.

LIMOGES,
A LA MEME LIBRAIRIE.

1847.

NOTICE
SUR REGNARD.

Jean-François Regnard, le meilleur de nos poëtes comiques après Molière, naquit à Paris l'an 1656. Fils unique, et héritier d'un bien considérable, il reçut une éducation proportionnée à sa fortune. Il étoit grand, bien fait, et de fort bonne mine. Son père étant mort comme il finissoit ses exercices à l'académie. il se trouva en jouissance d'un revenu qui le mit en état de figurer dans le grand monde : cependant le goût de voyager l'emporta sur les plaisirs que son opulence pouvoit lui procurer dans sa patrie.

De tous les pays qui excitoient la curiosité de Regnard, l'Italie lui parut mériter la préférence. Ce voyage fut des plus heureux ; car, s'étant trouvé dans le cas de jouer, et de jouer très gros jeu, la fortune lui fut si favorable, qu'il rapporta à Paris, tous les frais de son voyage compris, plus de dix mille écus.

Cette somme, jointe à la succession de son

père, qui montoit à quarante mille écus, auroit dû fixer Regnard à Paris; mais le souvenir flatteur des plaisirs qu'il avoit goûtés en Italie l'y appela une seconde fois.

Étant à Bologne, il devint amoureux d'une dame provençale, qu'il n'a fait connoître que sous le nom d'Elvire, et le mari de cette dame que sous celui de de Prade. Quoi qu'il en soit, après diverses aventures, cette dame lui proposa de revenir en France; et Regnard, trop épris des charmes de sa maîtresse pour lui refuser sa demande, saisit la première occasion qui se présenta, et s'embarqua avec la dame provençale et son mari, à Civita-Vecchia, sur une frégate angloise qui faisoit route pour Toulon. Après quelques jours de navigation cette frégate fut attaquée par deux vaisseaux algériens; et après un combat de trois heures, dans lequel le capitaine anglois perdit la vie, le reste de l'équipage fut obligé de se rendre au pouvoir des corsaires, qui conduisirent leur prise à Alger. Ce malheur arriva le 4 octobre 1678.

Regnard à peine arrivé à Alger y fut vendu quinze cents livres, et la belle Provençale mille livres. Comme il avoit toujours aimé la bonne chère, et qu'il étoit grand faiseur de ragoûts, son habileté en ce genre lui procura l'emploi de cuisinier chez son maître Achmet Talem, et bientôt ses manières prévenantes, son enjouement, et sa bonne mine, le firent aimer des femmes de cet Algérien. Mais Achmet Talem, homme cruel et jaloux, ayant découvert ses intrigues, le livra à la justice pour être puni selon la rigueur des lois, qui ordonnent qu'un chrétien trouvé en flagrant délit avec une mahométane expie son crime par le feu, ou se fasse mahométan. Le consul de la nation françoise, qui avoit reçu depuis peu de jours une somme considérable pour racheter Regnard, ayant appris le malheur qui lui étoit arrivé, interposa son autorité, et alla trouver Achmet Talem, qui d'abord ne voulut rien écouter. Mais le consul, ne se rebutant pas, lui représenta que rien n'étoit plus trompeur que les apparences; que, quand même la chose seroit vraie, il y auroit peu de gloire à lui de faire périr son esclave; que d'ailleurs, en le perdant, il perdoit une somme considérable qu'il avoit à lui donner pour sa rançon. Cette dernière raison fut plus forte que les autres : Achmet Talem se laissa gagner; il retira Regnard des mains du divan, en avouant qu'il l'avoit accusé sur un simple soupçon, et que son crime n'étoit confirmé par aucune preuve; et il le remit en liberté, après avoir reçu le prix dont il étoit convenu avec le consul.[1]

Voilà comment Regnard raconte ses aventures d'Alger dans son petit roman intitulé, la Provençale, où il ne fait aucune mention de son voyage de Constantinople. On ignore les raisons qui ont pu l'obliger à garder le silence sur son séjour en cette ville : mais voici la vérité du fait. Au bout de quelque temps de séjour à Alger, son maître, Achmet Talem, ayant affaire pour son commerce avec les ministres de la Porte ottomane, l'emmena avec sa Provençale à Constantinople, où ils essuyèrent pendant plus de deux ans une captivité très rigoureuse. Enfin, Regnard ayant trouvé le moyen de faire savoir sa triste situation à sa famille, on lui envoya douze mille livres, qui servirent à payer sa rançon, celle de sa Provençale, et celle de son valet-de-chambre, et ils repassèrent tous les trois en France sur un vaisseau françois qui les mena heureusement à Marseille. Regnard, ayant ainsi recouvré sa liberté, revint aussitôt à Paris, portant avec lui la chaîne dont il avoit été chargé pendant son esclavage, et qu'il a toujours conservée avec soin dans son cabinet,

---

[1] Voyez la belle Provençale, tome IV.

pour se rappeler incessamment la mémoire de cette disgrace. Mais il ne fut pas guéri pour cela de sa passion pour les voyages.

En recouvrant sa liberté et celle de sa belle maîtresse, Regnard reçut la nouvelle de la mort de de Prade, qui étoit resté à Alger; de sorte que rien ne s'opposoit plus à son bonheur que les scrupules d'Elvire, qui, par bienséance, demanda quelque temps pour marquer le deuil de son époux. Tout amoureux qu'étoit Regnard, il ne put s'opposer à ce que souhaitoit la belle Provençale; et, pour mettre ordre à ses affaires, il revint à Paris avec Elvire pour attendre cet heureux moment où il devoit être récompensé de toutes les disgraces qu'il avoit éprouvées pour cette belle personne. Mais le sort en décida autrement : ce mari, qui depuis huit mois étoit au rang des morts, reparut tout à coup, accompagné de deux religieux mathurins qui l'avoient racheté à Alger, et qui le présentèrent à son épouse. Le retour de de Prade fut célébré par une nouvelle noce. Regnard, pénétré, comme on peut le penser, de cet évènement, ne voulut point être présent à cette cruelle cérémonie : il quitta Paris, pour la troisième fois, dans le dessein de n'y revenir que lorsqu'il seroit guéri de son amour

NOTICE

Il partit de nouveau de Paris le 26 avril 1681, et s'en alla en Flandre et en Hollande, puis en Danemarck et en Suède. Étant à la cour de Suède, le roi l'engagea à voir la Laponie, et lui offrit toutes les commodités nécessaires pour y aller. Regnard, à la sollicitation de ce prince, entreprit ce voyage, et partit pour cette grande entreprise. Il s'embarqua à Stockholm, pour passer à Torno, le mercredi 23 juillet de la même année, avec deux gentilshommes françois, les sieurs de Fercourt et de Corberon. Il parcourut toute la Laponie. Il arriva à Torno, qui est la dernière ville du monde du côté du nord, située à l'extrémité du golfe de Bothnie. Il remonta le fleuve qui porte le même nom que cette ville, et dont la source n'est pas éloignée du cap du Nord. Il pénétra jusqu'à la mer Glaciale, et l'on peut dire qu'il ne s'arrêta qu'où la terre lui manqua. Enfin il arriva, le 22 août suivant, à la montagne de Metawara où il fut obligé de terminer sa course; et ce fut au haut de cette montagne qu'il grava sur un rocher, en quatre vers latins, pour lui et ses camarades, cette inscription :

Gallia nos genuit; vidit nos Africa; Gangem
Hausimus, Europamque oculis lustravimus omnem;

Casibus et variis acti terrâque marique,
Hic tandem stetimus, nobis ubi defuit orbis.

De Fercourt, de Corberon, Regnard.
Anno 1681, die 22 augusti.

Voici la traduction qu'en donne le voyageur La Motraye (tom. 2, p. 360, édition in-folio, la Haye, 1727). Il la vit en 1718, plus de trente-six ans après le passage des trois voyageurs françois :

« La France nous a donné la naissance ; nous avons vu l'Afrique et le Gange, parcouru toute l'Europe : nous avons eu différentes aventures tant par mer que par terre ; et nous nous sommes arrêtés en cet endroit, où le monde nous a manqué. »

Après cette expédition, Regnard revint à Stockholm, et rendit compte au roi de tout ce qu'il avoit vu de remarquable en Laponie, des mœurs, de la religion, et des usages singuliers de ses habitants. Il ne demeura que fort peu de temps à Stockholm, il en partit le 3 octobre 1681 : il traversa la mer Baltique, et vint débarquer à Dantzick, d'où il passa en Pologne, de là en Hongrie, et ensuite en Allemagne ; et enfin, après deux ans d'absence, il revint en France le 4 décembre 1683, entièrement guéri de son amour et de sa passion pour le jeu et pour les voyages.

Pour lors il fixa son séjour à Paris, où sa fortune lui permit de passer sa vie avec beaucoup d'agréments. Il acheta une charge de trésorier de France au bureau des finances de Paris, qu'il a exercée pendant vingt ans ; et il ne songea plus qu'aux plaisirs de la bonne chère, et à bien recevoir chez lui ce qu'il y avoit en France de plus grand, de plus distingué, et de plus aimable.

La description qu'il fait, dans son Épître à M***, de la maison qu'il avoit à Paris, au bout de la rue de Richelieu, au bas de Montmartre, et les noms illustres des personnes qui lui ont fait l'honneur de l'y venir voir, ne laissent aucun lieu de douter de cette vérité :

Au bout de cette rue où ce grand cardinal,
Ce prêtre conquérant, ce prélat amiral, etc.

Voyez tome III, page 340.

Regnard acheta aussi les charges de lieutenant des eaux et forêts et des chasses de la forêt de Dourdan. Il acquit peu de temps après la terre de Grillon, située près de Dourdan, à onze lieues de Paris, où il passoit le temps de la belle saison, et où il chassoit le cerf et le chevreuil. Quelques années avant sa mort il se fit recevoir grand bailli de la province de Hurepoix au comté de Dourdan, et il est mort revêtu de cette charge. Il n'épargna rien pour embellir son château et sa terre de Grillon, et il profita avec un art infini de tous les avantages dont la nature avoit pourvu si libéralement ce beau lieu, de sorte qu'il en fit un séjour enchanté. Pour donner une idée de la vie agréable que Regnard passoit à Grillon avec ses amis, il suffit de lire le Mariage de la Folie, divertissement pour la comédie des Folies amoureuses, que l'auteur semble avoir composé dans cette intention, en s'y désignant sous le nom de Clitandre.

C'est dans cette agréable retraite que Regnard écrivit la relation de ses voyages, et qu'il composa la plupart de ses comédies. Il y mourût le jeudi 5 septembre 1710, âgé de cinquante-quatre ans, sans avoir été marié, fort regretté de tous ses amis, des gens de lettres et particulièrement des amateurs de la scène françoise.

Regnard mourut sans avoir été malade, et par sa seule imprudence. Il n'avoit point de foi aux médecins : il étoit fort replet et grand mangeur. Un jour qu'il se sentit incommodé de quelques restes d'indigestion, il lui prit envie de se purger de sa propre ordonnance, mais d'une façon fort extravagante. Il étoit à Grillon, où il avoit passé toute la belle saison à faire une chère très délicate : il demanda à un de ses paysans quelles étoient les drogues dont il composoit les médecines qu'il donnoit à ses chevaux ; le paysan les lui nomma : Regnard sur-le-champ les envoya acheter à Dourdan, s'en fit une médecine, et l'avala le lendemain ; mais deux heures après qu'il l'eut prise, il sentit dans l'estomac des douleurs si aiguës, qu'il ne put demeurer au lit : il fut obligé de se lever et de se promener à grands pas dans sa chambre, pour tâcher de faire descendre sa médecine qui l'étouffoit. Ses valets montèrent à ce bruit, jugeant qu'il se trouvoit mal; mais à peine furent-ils entrés que son oppression redoubla. Il tomba dans leurs bras, sans connoissance et sans voix, et il fut suffoqué sans pouvoir recevoir le moindre secours.

On ne convient pas généralement de toutes les circonstances de sa mort. Il est bien vrai qu'il mourut d'une médecine prise mal à propos et à la suite d'une indigestion ; mais, dit-on, d'une médecine ordinaire, dont il ne seroit point mort s'il n'avoit point eu l'imprudence d'aller à

la chasse le même jour qu'il l'avoit prise, de s'y
échauffer extrêmement, et de boire un grand
verre d'eau à la glace à son retour; ce qui causa
une révolution si subite et si violente dans son
corps, qu'il en mourut le lendemain sans qu'on
pût le secourir.

Nous n'entrerons dans aucun détail sur les
comédies de Regnard; il y a long-temps qu'elles
sont appréciées : elles lui ont mérité la première place après Molière; et Voltaire a dit :
« Qui ne se plaît pas avec Regnard n'est pas
digne d'admirer Molière. » Quand ses comédies
jouées au théâtre Italien et au théâtre François,
et dont le catalogue se trouve à la suite de cette
notice, ne l'auroient pas rendu célèbre, il le
seroit devenu par ses seuls voyages, qui sont
tous plus ou moins intéressants, et particulièrement celui de Laponie. On a encore de Regnard
un opéra, le Carnaval de Venise; trois pièces
qui n'ont pas été représentées; savoir : les
Vendanges, les Souhaits, et la tragédie de
Sapor, qui ne vaut pas, à beaucoup près, ses
comédies; quelques poésies; des épîtres en vers,
où l'on remarque de fréquentes imitations des
anciens; et enfin deux satires, l'une contre les
maris, en réponse à celle de Boileau contre les

femmes; et l'autre contre Boileau lui-même, intitulée, le Tombeau de Boileau Despréaux, où il y a plusieurs traits qui ne seroient pas indignes de ce grand satirique.

LA SÉRENADE,

COMÉDIE

EN UN ACTE ET EN PROSE,

AVEC UN DIVERTISSEMENT.

1694.

PERSONNAGES.

M. GRIFON, père de Valère.
VALÈRE, amant de Léonor.
MADAME ARGANTE, mère de Léonor.
LÉONOR.
M. MATHIEU.
SCAPIN, valet de Valère.
MARINE, servante de madame Argante.
CHAMPAGNE, valet de M. Mathieu.
MUSICIENS et DANSEURS.

La scène est à Paris.

LA SÉRÉNADE,

COMÉDIE.

SCÈNE I.

M. MATHIEU, MARINE.

MARINE.

JE vous dis encore une fois que madame n'est pas au logis, et qu'il faut que vous reveniez si vous voulez lui parler.

M. MATHIEU.

A la bonne heure, je reviendrai. Cependant, Marine, dis-lui que j'ai vendu un collier à la personne qui doit épouser mademoiselle sa fille.

MARINE.

Je voudrois, monsieur Mathieu, que vous fussiez étranglé par votre gorge, avec votre diantre de collier. C'est donc vous qui vous êtes mêlé de cette affaire? Ne devriez-vous pas songer que les mariages légitimes ne sont point de votre compétence? Un courtier d'usure, comme vous, ne doit s'intriguer que d'affaires de contrebande, et laisser les honnêtes filles en repos.

M. MATHIEU.

A Dieu ne plaise, ma pauvre Marine, qu'on voie jamais aucun vrai mariage de ma façon! J ne fais point faire de marché à vie ; c'est un métier trop périlleux. Une fille est une marchandise qu'on ne sauroit garantir ; et l'on n'en a pas plus tôt fait l'emplette, qu'on voudroit en être défait à moitié de perte.

MARINE.

Oui ; mais ceux qui font des mariages ne s'embarrassent guère du succès ; et quand ils ont reçu leur pot de vin, et que le poisson est dans la nasse, sauve qui peut. Vous connoissez du moins l'homme qu'on lui destine, puisque vous lui avez vendu un collier ?

M. MATHIEU.

Je vais le lui livrer, et en recevoir de l'argent.

MARINE.

Ce n'est pas là ce que je demande. Quel homme est-ce ?

M. MATHIEU.

C'est un fort honnête homme, fort riche, fort vieux, et fort goutteux.

MARINE.

Que la peste te crève !

M. MATHIEU.

Sa figure n'est peut-être pas des plus ragoûtantes ; mais, comme vous savez, entre l'utile et l'agréable il n'y a pas à balancer.

MARINE.

Oui, pour des ladres, comme vous, qui ne connoissent d'autre bonheur que celui d'amasser du bien, et de faire travailler leur argent à gros et très gros intérêt; mais pour une jeune personne, comme Léonor, qui cherche à passer ses jours dans le plaisir, vous trouverez bon, s'il vous plaît, vous, et madame sa mère, qu'elle préfère l'agréable à l'utile; et que moi, de mon côté, je fasse tout mon possible pour rompre un mariage aussi biscornu que celui-là.

M. MATHIEU.

Hélas! ma pauvre enfant, romps, casse, brise le mariage en mille pièces, je m'en soucie comme de cela. Je t'aiderai même, en cas de besoin, pourvu que tu me fasses payer de mes peines un peu grassement.

MARINE.

Un peu grassement! Eh! mort de ma vie! n'êtes-vous pas déjà assez gras? Allez, vous devriez mourir de honte d'avoir une face qui a pour le moins deux aunes de tour.

M. MATHIEU.

Marine est toujours railleuse. Mais je ne songe pas que mon homme m'attend : il veut donner tantôt une sérénade à sa maîtresse. Musiciens et filles de chambre ont volontiers commerce ensemble : n'y en a-t-il pas quelqu'un de tes amis à qui tu voulusses faire gagner cet argent-là?

MARINE.

Qu'il aille au diable, avec sa sérénade. Je vais songer à lui donner l'aubade, moi

M. MATHIEU.

Ce mariage te met de mauvaise humeur. Je

voudrois bien rester plus long-temps avec toi, je ne m'y ennuie jamais.

MARINE.

Et moi, je m'y ennuie toujours.

M. MATHIEU.

Adieu.

SCÈNE II.

MARINE.

Je prie le ciel qu'il te conduise, et que tu te puisses casser le cou. Il n'y auroit pas grand mal quand tous ces maquignons de mariage-là seroient au fond de la rivière avec une bonne pierre au cou. Que je plains le pauvre Valère! Il ne sait pas son malheur. J'ai une lettre à lui rendre de la part de sa maîtresse. Voici son valet à propos.

SCÈNE III.

SCAPIN, MARINE

SCAPIN.

Bon jour, ma charmante.

MARINE.

Bon jour, mon adorable.

SCAPIN.

Comment se porte ta maîtresse?

MARINE.

Mal.

SCÈNE III.

SCAPIN.

Il y a toujours quelque chose à refaire aux filles.

MARINE.

Et ton maître ?

SCAPIN

Il se porteroit assez bien, s'il avoit un peu plus d'argent.

MARINE.

Je n'ai jamais connu un gentilhomme plus gueux que celui-là.

SCAPIN.

Monsieur Grifon, son père, est bien riche, mais il est bien ladre.

MARINE.

Nous nous en apercevons.

SCAPIN.

Tel que tu me vois, je sers mon maître sans gages et *incognito*.

MARINE.

Comment *incognito* ?

SCAPIN.

Oui, monsieur Grifon ne sait pas que son fils a l'honneur d'être à moi; il ne me connoît pas même. Je loge en ville, et je vis d'emprunt.

MARINE.

Tu fais souvent mauvaise chère.

SCAPIN.

Assez. Cela n'empêche pas que je ne nourrisse quelquefois mon maître, quand il est mal avec son père.

MARINE.

Voilà un beau ménage !

SCAPIN.

Hé ! dis-moi un peu...

MARINE.

Je n'ai rien à te dire. Tiens, rends cette lettre-là à ton maître.

SCAPIN.

Comme tu fais, Marine ! Regarde-moi un peu.

MARINE.

Eh bien ! que me veux-tu ?

SCAPIN.

Vous plairoit-il seulement, ô beauté léoparde, me dire le contenu de cette lettre ?

MARINE.

Je n'ai pas le temps.

SCAPIN.

Tu me romps si souvent la tête de ton babil, quand je te prie de ne dire mot !

MARINE.

J'aime à faire le contraire de ce qu'on souhaite.

SCAPIN.

Le beau naturel ! je te prie donc de te taire, Marine ; c'est le moyen de te faire parler.

MARINE.

Je parlerai, s'il me plait.

SCAPIN.

Et tant qu'il te plaira.

MARINE.

Et me tairai, si je veux.

SCÈNE III.

SCAPIN.

Dis si tu peux, mon enfant. Cela est difficile.

MARINE.

Mais voyez cet animal qui veut m'empêcher de parler !

SCAPIN.

Je n'ai garde.

MARINE.

Voilà encore un plaisant visage pour fermer la bouche à une femme !

SCAPIN.

Fort bien.

MARINE.

Ni toi, ni ton père, ni ta mère, ni toute ta peste de génération, ne me feroient pas rabattre une syllabe.

SCAPIN.

Qu'elle est agréable !

MARINE.

Quand on parle bien, on ne parle jamais trop.

SCAPIN.

Tu ne devrois pas parler souvent.

MARINE.

Va, va, quand je serai morte, je me tairai

SCAPIN.

Jamais tant que tu auras parlé.

MARINE.

Tu voulois donc savoir le contenu de la lettre ?

SCAPIN.

Moi ? point du tout ; je ne veux rien savoir.

MARINE et SCAPIN *ensemble.*

MARINE.	SCAPIN.
Oh ! tu sauras pourtant, malgré que tu en aies, que ma maîtresse se marie aujourd'hui avec un homme qu'elle n'a jamais vu ; que sa mère a terminé l'affaire ; qu'elle prie Valère...Que la peste te crève ! Adieu.	Oh ! tu auras menti ; et il ne sera pas dit que tu me feras entendre malgré moi. Je ne veux rien savoir ; laisse-moi en repos ; garde tes nouvelles pour un autre. Le diable puisse t'étrangler ! Adieu.

SCÈNE IV.
SCAPIN.

Par ma foi, c'est une charmante chose qu'une femme ! Quelle docilité d'esprit ! Quelle complaisance ! Voilà une des plus raisonnables que je connoisse. Mais je m'amuse ici, et je dois aller promptement porter cette lettre à mon maître, car il est diablement amoureux. Qui dit amoureux, dit impatient ; et qui dit impatient, suppose un homme qui a plus tôt donné un coup de pied au cul que le bon jour. Mais le voilà.

SCÈNE V.
VALÈRE, SCAPIN
VALÈRE.

Eh bien ! Scapin, apprends-moi des nouvelles de Léonor. L'as-tu vue ? Que t'a dit Marine ?

SCÈNE V.

SCAPIN.

Marine? Rien du tout. C'est une fille dont on ne sauroit tirer une parole.

VALÈRE.

Marine ne t'a rien dit, elle qui parle tant?

SCAPIN.

C'est justement ce qui fait qu'elle ne dit rien : mais tout ce que j'ai pu comprendre de la volubilité de son discours, c'est qu'il faut renoncer à Léonor; et le pis que j'y trouve, c'est que nous n'avons pas un sou pour nous en consoler.

VALÈRE.

Quoi? Que dis-tu? Parle, explique-toi. Renoncer à Léonor?

SCAPIN.

Oui, monsieur.

VALÈRE.

Et Marine ne t'a point dit la cause de son refroidissement?

SCAPIN.

Non, monsieur.

VALÈRE.

Quoi! tu n'as pu pénétrer...?

SCAPIN.

Oh! monsieur, Marine est une fille impénétrable.

VALÈRE

Que je suis malheureux!

SCAPIN.

Elle m'a seulement donné une petite lettre qui vous expliquera peut-être mieux la chose.

VALÈRE.

Eh! donne donc, maraud, donne donc. *(Il lit.)*
« Si vous m'aimez autant que je vous aime, nous sommes les plus malheureuses personnes du monde. Ma mère prétend me marier à un homme que je ne connois point. Détournez le malheur qui nous menace; et soyez certain que je choisirai plutôt la mort que d'être jamais à d'autre qu'à vous. »
Scapin!

SCAPIN.

Monsieur?

VALÈRE.

Que dis-tu de cette lettre-là?

SCAPIN.

Je dis, monsieur, que ce n'est pas là une lettre de change.

VALÈRE.

Et je me laisserai enlever Léonor? non, non, Scapin, à quelque prix que ce soit, il faut empêcher.

SCAPIN.

Monsieur, le ciel m'a donné des talents merveilleux pour faire des mariages; et je puis dire, sans vanité, qu'il n'y a guère de jour qu'il ne m'en passe quelqu'un par les mains. J'en ai même ébauché plus de mille dans ma vie qui n'ont jamais été achevés; mais j'aime trop la propagation de l'espèce pour avoir le courage d'en rompre aucun.

VALÈRE.

Que tu fais mal à propos le mauvais plaisant ! il faut..

SCÈNE VI.

M. GRIFON, M. MATHIEU, VALÈRE, SCAPIN.

SCAPIN, *bas.*

Paix, voici votre père. Le vilain usurier qui nous vendit si cher l'argent l'année passée est avec lui.

VALÈRE, *bas.*

Vient-il lui demander ce que je lui dois ?

SCAPIN, *bas.*

Il seroit mal adressé. Écoutons.

(*Valère et Scapin se retirent au fond du théâtre.*)

M. GRIFON, *à M. Mathieu.*

Je vous donnai, il y a huit jours, un sac de mille francs à faire valoir, dont j'ai votre billet, monsieur Mathieu.

M. MATHIEU.

Cela est vrai, monsieur Grifon.

SCAPIN, *bas, à Valère.*

Le bon homme négocie avec les usuriers aussi-bien que nous; mais ce n'est pas de la même manière.

M. GRIFON.

Nous sommes convenus à trois mille huit cents

livres; ce sont encore deux cents louis qu'il faut vous donner pour le collier, monsieur Mathieu.

M. MATHIEU.

Oui, monsieur Grifon.

SCAPIN, *bas, à Valère.*

Cela nous accommoderoit bien.

VALÈRE, *bas.*

Paix, tais-toi.

M. GRIFON.

Passez tantôt chez moi, ou envoyez-y quelqu'un de votre part, avec un billet de votre main, cela suffira : c'est de l'argent comptant, M. Mathieu.

M. MATHIEU.

Je n'en suis point en peine, et je vous laisse le collier, monsieur Grifon.

SCAPIN, *à part.*

Un collier de trois mille huit cents livres ! le friand morceau ! (*M. Mathieu sort.*)

SCÈNE VII.

M. GRIFON, VALÈRE, SCAPIN.

M. GRIFON.

Ah ! vous voilà, mon fils. Que faites-vous là ? Y a-t-il long-temps que vous y êtes ?

VALÈRE.

Je ne fais que d'arriver.

M. GRIFON, *montrant Scapin.*

Qui est cet homme-là ?

SCÈNE VII.

VALÈRE.

C'est, mon père...

M. GRIFON.

Quoi ? c'est...

VALÈRE.

Un musicien de l'opéra.

M. GRIFON.

Mauvaise connoissance qu'un musicien de l'opéra ! ils mènent les gens au cabaret, et il faut toujours payer pour eux.

SCAPIN, *bas, à Valère.*

De quoi diantre vous avisez-vous de me faire musicien ? j'aimerois mieux être tout autre chose.

VALÈRE, *bas, à Scapin.*

Tais-toi.

M. GRIFON.

Oh ! çà, mon fils, j'ai une nouvelle à vous apprendre ; la présence du musicien ne gâtera rien, et peut-être pourra-t-il nous être utile.

SCAPIN, *bas, à Valère.*

Votre imagination m'a fait musicien par hasard, vous verrez qu'il faudra que je le devienne par nécessité.

M. GRIFON.

Je vais me marier.

VALÈRE.

Vous marier ! vous, mon père ?

M. GRIFON.

Moi-même, en propre personne.

SCAPIN, *à part.*

Je ne m'attendois pas à celui-là.

M. GRIFON.

Que dit monsieur le musicien ?

SCAPIN.

Je ne puis que vous louer, monsieur, de former une entreprise si hardie. Vous avez eu le bonheur d'enterrer une première femme, vous hasardez d'en prendre une seconde ; le péril ne vous rebute point : cela est fier, cela est grand, cela est héroïque ; et, pour ma part, je n'ai garde de manquer d'applaudir à une résolution aussi généreuse que la vôtre.

M. GRIFON.

Voilà un joli garçon.

VALÈRE.

Ce que j'en ai dit, mon père, n'est que par l'intérêt que je prends à votre santé.

M. GRIFON.

Ne t'en mets point en peine, ce sont mes affaires.

SCAPIN, *à Valère.*

Oui, monsieur, que monsieur votre père vous donne seulement une belle-mère bien faite, belle, jeune, et laissez-le faire ; vous serez ravi qu'il se soit remarié, sur ma parole.

M. GRIFON.

Oh ! je suis sûr qu'il en sera content. C'est une fille à qui il ne manque rien. Ce que je voudrois de vous maintenant, monsieur de l'opéra, ce seroit que vous m'aidassiez à donner une petite sérénade à ma maîtresse,

SCENE VII.

SCAPIN.

Une sérénade, dites-vous? vous ne pouvez mieux vous adresser qu'à moi : musique italienne, française, je suis un homme à deux mains.

M. GRIFON.

Tout de bon?

SCAPIN.

Demandez à monsieur votre fils. Je suis le premier homme du monde pour les sérénades; il m'en doit encore deux ou trois.

VALÈRE.

Oui, mon père.

SCAPIN.

Ce n'est pas pour me vanter, mais en cas de chanteurs, symphonistes, violistes, théorbistes, clavecinistes, opéra, opérateurs, opératrices, madelonistes, catinistes, margotistes, si difficiles qu'elles soient, j'ai tout cela dans ma manche.

M. GRIFON.

Je voudrois une sérénade à bon marché.

SCAPIN.

Je ménagerai votre bourse, ne vous mettez pas n peine. Il ne nous faudra que trente-six violons, vingt hautbois, douze basses, six trompettes, vingt-quatre tambours, cinq orgues, et un flageolet.

M. GRIFON.

Et fi donc! voilà pour donner une sérénade à tout un royaume.

SCAPIN.

Pour les voix, nous prendrons seulement douze basses, huit concordants, six basses-tailles, autant de quintes, quatre haute-contres, huit faussets, et douze dessus, moitié entiers et moitié hongres.

M. GRIFON.

Vous nommez là de quoi faire un régiment de musique.

SCAPIN.

Il ne faut pas moins de voix pour accompagner tous les instruments. Laissez-nous faire. Je veux qu'il y ait dans cette musique-là une espèce de petit charivari, qui conviendra merveilleusement bien au sujet. Nous allons, monsieur votre fils et moi, donner maintenant les ordres pour...

M. GRIFON.

Attendez. On doit m'amener ma maîtresse; je suis bien aise que vous la voyiez, et que vous m'en disiez votre sentiment l'un et l'autre.

SCAPIN.

Prenez-la belle et jeune, au moins, sur-tout d'humeur complaisante; tous vos amis vous conseilleront la même chose.

VALÈRE, *bas, à Scapin.*

Allons-nous-en, je me meurs d'inquiétude.

SCÈNE VIII.

M. GRIFON, VALÈRE, SCAPIN, MME ARGANTE, LÉONOR, MARINE.

M. GRIFON.

Ne vous avois-je pas bien dit qu'on devoit l'amener ? Voilà la mère et la fille de chambre.

VALÈRE, *bas, à Scapin.*

Que vois-je, Scapin ? C'est Léonor.

SCAPIN, *à part.*

Autre incident.

MADAME ARGANTE.

Allons, ma fille, approchez, et saluez le mari que je vous ai destiné. (*Elle entend parler de M. Grifon.*)

LÉONOR, *croyant que c'est Valère.*

Quoi ! madame, voilà la personne… !

MADAME ARGANTE.

Qu'avez-vous donc, mademoiselle ? Est-ce que monsieur ne vous plaît pas ?

LÉONOR.

Je ne dis pas cela, madame, et je n'aurai jamais d'autres volontés que les vôtres.

VALÈRE, *bas, à Scapin.*

Scapin, elle obéit à sa mère, je suis perdu.

MARINE, *à part.*

Il y a de l'erreur de calcul.

MADAME ARGANTE.

Je suis ravie, ma fille, de vous voir des sentiments raisonnables, et j'ai toujours bien jugé que vous ne voudriez pas me désobéir.

LÉONOR.

Vous désobéir! moi? j'aimerois mieux mourir que de faire quelque chose qui vous déplût.

M. GRIFON, *à Scapin.*

Voilà une fille bien née, n'est-il pas vrai?

SCAPIN, *à part.*

Il y a ici du quiproquo, sur ma parole.

LÉONOR.

Tout ce que j'ai à me reprocher, madame, c'est que mon obéissance ait si peu de mérite en cette occasion; et les choses sont dans un état à me permettre d'avouer sans honte que votre choix et mon inclination ont un parfait rapport ensemble.

M. GRIFON, *à part.*

Comme elle m'aime déjà! cela n'est pas croyable.

LÉONOR.

Mais j'ai lieu de me plaindre. Est-ce à moi de parler comme je fais, quand vous êtes si peu sensible, Valère, aux bontés que ma mère a pour nous?

MADAME ARGANTE.

Comment donc Valère? A qui en avez-vous?

M. GRIFON.

Qu'est-ce que cela signifie?

SCAPIN, *à part.*

Nous approchons du dénouement.

MADAME ARGANTE.

Que voulez-vous dire avec votre Valère?

SCÈNE VIII.

LÉONOR.

Ne m'avez-vous pas dit, madame, que vous aviez conclu notre mariage?

MADAME ARGANTE.

Qu'a de commun Valère avec votre mariage? C'est à M. Grifon, que voilà, que je vous marie.

M. GRIFON, *à Léonor*.

Oui, mignonne, c'est moi qui aurai l'honneur de...

LÉONOR.

Vous, monsieur?

MADAME ARGANTE.

Je voudrois bien, pour voir, que vous ne le trouvassiez pas bon!

M. GRIFON.

Monsieur mon fils, par quelle aventure est-il mention de vous dans tout ceci?

VALÈRE.

Par une aventure fort naturelle, mon père.

M. GRIFON.

Comment, une aventure fort naturelle?

MARINE.

Oui, monsieur: mademoiselle est fille, monsieur est garçon; elle est aimable, il est joli homme; ils ont fait connoissance; ils s'aiment; ils sont dans le goût de s'épouser; y a-t-il rien là que de fort naturel?

SCAPIN.

Il n'est point question de la nature là-dedans; c'est la raison et l'intérêt qui font aujourd'hui les mariages. Monsieur est le père, madame est la mère; la raison est de leur côté; la nature est une sotte, et vous aussi, ma mie.

MADAME ARGANTE.

Il a raison.

LÉONOR.

Quoi! à l'âge que j'ai, ma mère, vous voudriez me faire épouser un homme comme monsieur? Vous n'y songez pas.

VALÈRE.

Quoi! à l'âge que vous avez, mon père, vous voudriez vous marier à une fille comme mademoiselle? Je crois que vous rêvez.

LÉONOR.

En vérité, ma mère, vous êtes trop raisonnable pour exiger de moi une chose aussi éloignée du bon sens.

VALÈRE.

Sérieusement parlant, mon père, vous n'êtes point d'âge encore à radoter.

MADAME ARGANTE.

Ouais! et où sommes-nous donc? Allons, petite ridicule, qu'on donne tout à l'heure la main à monsieur.

VALÈRE.

Non pas, madame, s'il vous plaît.

M. GRIFON.

Qu'est-ce à dire?

SCÈNE VIII.

VALÈRE.

Avec votre permission, mon père, cela ne sera pas, je vous assure.

M. GRIFON.

Cela ne sera pas! Que dites-vous à cela, monsieur le musicien?

SCAPIN.

Vous avez là un grand garçon bien mal morigéné, monsieur.

M. GRIFON.

Pendard!

VALÈRE.

Que diroit-on dans le monde, si en ma présence je vous laissois faire une action aussi extravagante que celle-là?

M. GRIFON.

Quoi donc extravagante? Comment donc? A ton père, malheureux!

MARINE.

A votre père!

SCAPIN.

A votre propre père!

VALÈRE.

Quand il seroit mon père cent fois plus qu'il ne l'est encore, je ne souffrirai point que l'amour lui fasse tourner la cervelle jusqu'à ce point-là.

M. GRIFON

Mais quelle comédie jouons-nous donc ici? Je vous demande pardon pour mon fils, madame,

MADAME ARGANTE.

Cela n'est rien. J'ai bien des excuses à vous faire pour ma fille, monsieur.

MARINE.

Voilà des enfants bien obstinés. Mais aussi pourquoi vous exposer à vous marier, sans savoir si monsieur votre fils le voudra bien?

M. GRIFON.

S'il le voudra bien?

SCAPIN.

Monsieur, avec trois ou quatre cents pistoles ne pourrions-nous point le mettre à la raison?

M. GRIFON.

Je l'y mettrai bien sans cela.

MADAME ARGANTE.

Et moi, je vous réponds de cette petite impertinente-là; elle vous épousera, ou je la mettrai dans un lieu d'où elle ne sortira de long-temps.

LÉONOR.

J'y demeurerai plutôt toute ma vie que d'épouser un homme que je n'aime point.

SCÈNE IX.

Mme ARGANTE, M. GRIFON, VALÈRE, SCAPIN.

M. GRIFON.

Elle s'en va, madame.

MADAME ARGANTE.

Ne vous mettez pas en peine, je saurai la réduire; elle sera votre femme aujourd'hui, ou vous mourrez de mort subite.

SCÈNE X.

M. GRIFON, VALÈRE, SCAPIN

M. GRIFON.

De mort subite! Voilà à quoi vous m'exposez, monsieur le coquin. Laisse-moi faire, je veux l'épouser à ta barbe; je m'en vais dépenser tout mon bien pour m'en faire aimer; je lui donnerai des présents, des bijoux, des maisons, des contrats, des cadeaux, des festins, des sérénades; des sérénades, monsieur le musicien; et je lui ferai des enfants pour te faire enrager.

SCAPIN, *à part.*

Oh! pour celui-là, on vous en défie.

SCÈNE XI.

VALÈRE, SCAPIN.

VALÈRE.

Non, Scapin, il n'y a point d'extrémité où je ne me porte pour empêcher ce mariage-là.

SCAPIN.

Doucement, monsieur; nous abaisserons ses fumées d'amour. Il ne la tient pas encore. J'ai pris le soin d'une sérénade; il vient de négocier un certain collier: laissez-moi faire. Mais le diable est que nous n'avons point d'argent

VALÈRE.

Ah! mon pauvre Scapin, cherche, imagine, invente des moyens pour en trouver; engage tout, vends tout, donne tout.

SCAPIN.

Hé! que diable engager? que vendre? Pour tout meuble et immeuble vous n'avez que votre habit et le mien, encore le tailleur n'est-il pas payé.

VALÈRE.

Quoi! tu ne peux trouver...

SCAPIN.

Depuis que je travaille pour vous, les ressorts de mon esprit emprunteur sont diablement usés...

VALÈRE.

Mais quoi!...

SCAPIN.

Laissez-moi un peu rêver tout seul. J'ai ma sérénade en tête; si je pouvois avoir seulement de quoi payer les musiciens dont je me veux servir...

VALÈRE.

A quoi bon?

SCAPIN.

J'ai besoin de me recueillir, vous dis-je; laissez-moi en repos, et allez fortifier Léonor dans le dessein de ne point épouser votre père.

VALÈRE, *à part.*

Il faut vouloir tout ce qu'il veut, j'ai besoin de lui.

SCÈNE XII.

SCAPIN.

Ce n'est pas une petite affaire, pour un valet d'honneur, d'avoir à soutenir les intérêts d'un maître qui n'a point d'argent. On s'acoquine à servir ces gredins-là, je ne sais pourquoi; ils ne paient point de gages, ils querellent, ils rossent quelquefois; on a plus d'esprit qu'eux; on les fait vivre; il faut avoir la peine d'inventer mille fourberies, dont ils ne sont tout au plus que de moitié; et avec tout cela nous sommes les valets, et ils sont les maîtres. Cela n'est pas juste. Je prétends, à l'avenir, travailler pour mon compte; ceci fini, je veux devenir maître à mon tour.

SCÈNE XIII.

CHAMPAGNE, SCAPIN.

SCAPIN.

Mais que vois-je ?

CHAMPAGNE.

Hé ! c'est toi, mon pauvre Scapin !

SCAPIN.

Le beau Champagne en ce pays-ci !

CHAMPAGNE.

Il y a six mois que je suis revenu, mais je ne me montre que depuis quinze jours.

SCAPIN.

Pourquoi donc ?

CHAMPAGNE.

Par une espèce de scrupule. Une lettre de cachet du châtelet m'avoit défendu de paroître à la ville ; elle me prescrivoit un temps pour voyager : mes voyages sont finis, je reparois sur nouveaux frais.

SCAPIN.

Et que fais-tu à présent ? Je t'ai vu autrefois le plus adroit grison, et, soit dit entre nous, le plus hardi coquin qu'il y eût en France.

CHAMPAGNE.

J'ai quitté tout cela, mon ami. La justice aujourd'hui a l'esprit si mal tourné ! il n'y a plus rien à faire dans le commerce : elle prend toujours les choses du mauvais côté. J'ai renoncé aux vanités du monde, et je me suis jeté dans la réforme.

SCAPIN.

Toi, dans la réforme ?

CHAMPAGNE.

Oui, mon enfant. Il faut faire une fin. Je me suis retiré ; je prête sur gages.

SCAPIN.

La retraite est méritoire.

CHAMPAGNE.

Ma foi, il n'y a plus que ce métier-là pour faire quelque chose ; il n'y a rien de tel, quand on a de l'argent, que d'en aider des particuliers dans leurs nécessités pressantes.

SCAPIN.

Voilà un motif fort charitable !

SCÈNE XIII.

CHAMPAGNE.

Je me suis associé avec un fort honnête homme, qui est, je pense, lui, associé avec un autre fort honnête homme, chez qui il m'envoie prendre deux mille huit cents livres.

SCAPIN, *à part.*

Deux mille huit cents livres ! Serions-nous assez heureux !... Cela seroit admirable. (*haut.*) Tu es associé avec monsieur Mathieu ?

CHAMPAGNE.

Avec monsieur Mathieu ; mais je suis un peu subalterne, à la vérité. Nous demeurons ensemble ; il me loge fort haut, me meuble modestement ; m'habille chaudement pour l'été, fraîchement pour l'hiver ; me nourrit sobrement ; ne me donne point de gages : mais ce que je prends, c'est pour moi.

SCAPIN.

Voilà une bonne condition ! Et, dis-moi, es-tu toujours aussi ivrogne qu'avant ta lettre de cachet ?

CHAMPAGNE.

Je bois beaucoup de vin, mais je ne l'aime pas.

SCAPIN.

Tu vas donc recevoir deux mille huit cents livres ?

CHAMPAGNE.

Deux mille huit cents livres.

SCAPIN.

Chez monsieur Grifon ?

3.

CHAMPAGNE.

C'est le nom de notre associé. Qui te l'a dit?

SCAPIN.

Pour le surplus d'un collier que monsieur Mathieu lui a vendu?

CHAMPAGNE.

Je l'ai ouï dire ainsi.

SCAPIN.

Et tu as un billet de monsieur Mathieu, pour marque que tu ne viens pas à faux?

CHAMPAGNE.

Cela est comme tu le dis. Voilà le billet. Et d'où diantre sais-tu tout cela?

SCAPIN.

Je suis l'associé du fils de monsieur Grifon, moi.

CHAMPAGNE.

Quoi! tu te mêles aussi...?

SCAPIN.

Nous ne sommes associés que pour emprunter, nous autres. Le connois-tu, monsieur Grifon?

CHAMPAGNE.

Non.

SCAPIN.

Te connoît-il?

CHAMPAGNE.

Je ne crois pas.

SCAPIN, *à part*.

Tant mieux. (*haut.*) Monsieur Grifon n'est as au logis, et, en attendant qu'il vienne, nous

SCENE XIII.

pouvons aller renouveler connoissance au cabaret.

CHAMPAGNE.

De tout mon cœur : je ne refuse point des parties d'honneur.

SCAPIN.

Morbleu ! j'enrage. Voilà un homme à qui j'ai affaire, mais ce ne sera que pour un moment. Va-t'en m'attendre, ici près, aux barreaux verts, et faire tirer bouteille.

SCÈNE XIV.

SCAPIN.

Voilà un fripon que je friponnerai, sur ma parole, si je puis seulement attraper le billet.

SCÈNE XV.

M. GRIFON, MARINE, SCAPIN.

MARINE, à M. Grifon.

Je vous dis, monsieur, que vous aurez plus de peine que vous ne pensez à réduire cet esprit-là.

SCAPIN.

Ah ! monsieur, je vous cherchois pour vous dire que dans peu votre sérénade sera en éta

M. GRIFON.

Bon. Voilà ma maison, et voilà celle de m maîtresse.

SCAPIN, à part.

Tant mieux, cela est fort commode pour mon dessein.

SCÈNE XVI.

M. GRIFON, MARINE.

M. GRIFON.

Tu dis donc, Marine, que tu viens de la part de Léonor?

MARINE.

Oui, monsieur, pour vous faire des excuses de ce qui s'est passé à votre entrevue.

M. GRIFON.

Elle revient à elle, j'en suis bien aise.

MARINE.

Elle est au désespoir de n'avoir pu se contraindre devant madame sa mère; mais elle dit qu'elle vous hait trop, pour se faire la moindre violence.

M. GRIFON.

Voilà un fort sot compliment. Je n'ai que faire de ces excuses-là.

MARINE.

Elle sait trop bien vivre pour manquer à la civilité. Elle m'a aussi chargée de vous prier de ne point presser madame sa mère sur votre mariage, et de lui donner du temps pour s'accoutumer à une figure aussi extraordinaire que la vôtre.

M. GRIFON.

Vous êtes une impertinente, ma mie, et je ne sais...

MARINE.

Je vous demande pardon, monsieur; je vous

respecte trop pour vous rien dire de mon chef qui vous déplaise; ce sont les sentiments de ma maîtresse que je vous explique le plus clairement et le plus succinctement qu'il m'est possible.

M. GRIFON.

Je ne veux point savoir ses sentiments, tant qu'elle en aura d'aussi ridicules.

MARINE.

Il ne tiendra pas à moi qu'elle ne change; et, quelque aversion qu'elle ait pour vous, elle ne laissera pas de vous épouser, si elle m'en veut croire. Vous n'avez que votre âge, votre air, et votre visage contre vous; dans le fond je gagerois que vous avez les meilleures manières du monde.

M. GRIFON, à part.

Voilà une insolente qui, à mon nez, me vient chanter pouille.

MARINE.

C'est votre physionomie lugubre qui l'a d'abord effarouchée : elle en reviendra peut-être, et vous aimera à la folie; que sait-on? Vous ne seriez pas le premier magot qui auroit épousé une jolie fille.

M. GRIFON, à part.

Malgré tout ce qu'elle me dit, je ne veux point me fâcher; elle peut me rendre service. (haut.) Tu me parois d'agréable humeur.

MARINE.

Je suis assez franche, comme vous voyez.

M. GRIFON.

C'est ce qu'il me semble. Je veux être de tes

amis; et, si le mariage se fait, ne te mets pas en peine. Dis-moi un peu en confidence, quelle sorte de caractère est-ce que Léonor, et que faudroit-il que je fisse pour lui plaire?

MARINE.

Vous n'avez qu'à mourir, monsieur, c'est le plus grand plaisir que vous lui puissiez faire.

M. GRIFON.

Ce n'est pas là ce que je te demande. De quelle humeur est-elle?

MARINE.

Ah! de l'humeur du monde la plus douce. Je ne lui connois qu'un petit défaut.

M. GRIFON.

Quel est-il?

MARINE.

C'est, monsieur, que, quand elle s'est mis quelque chose en tête, et qu'on s'avise de la contredire, elle crie, elle peste, elle jure, elle bat, elle mord, elle égratigne, elle estropie même en cas de besoin; mais, dans le fond, c'est une bonne enfant.

M. GRIFON.

Voilà une humeur bien douce vraiment! Et avec cela n'a-t-elle point quelque passion dominante?

MARINE.

Non, monsieur, rien ne la domine. Elle a du goût pour toutes les belles manières; elle vend, pour jouer, tout ce qu'elle a; elle met ses nippes

SCÈNE XVI.

en gage, pour aller à l'opéra et à la comédie, et court le bal sept fois la semaine seulement; elle fesse son vin de Champagne à merveille, et sur la fin du repas elle devient fort tendre.

M. GRIFON.

Tu crois donc qu'elle pourra m'aimer?

MARINE.

Oui, monsieur, sur la fin d'un repas; et je vais lui faire entendre que, pour un mari, vous valez cent fois mieux qu'un autre.

M. GRIFON.

Cela est vrai, au moins.

MARINE.

Assurément. Dans ce siècle-ci, quand un mari laisse faire à sa femme tout ce qu'elle veut, c'est un homme adorable; on ne peut pas lui demander autre chose.

M. GRIFON.

Ah! mon enfant, tu peux l'assurer de ma part que, si jamais elle est ma femme, je ne la contraindrai jamais en la moindre bagatelle.

MARINE.

Commencez donc par ne point trop presser les affaires. Je vais lui proposer vos conventions; et, comme il n'y a rien dans ces articles-là qui répugne à la coutume, je ne doute point qu'elle ne les accepte.

SCÈNE XVII.

M. GRIFON.

Cette fille-là a quelque chose de bon dans ses manières.

SCÈNE XVIII.

M. GRIFON; SCAPIN, *déguisé, ayant un emplâtre sur l'œil.*

M. GRIFON.

Ah! ah! voilà une plaisante figure d'homme!

SCAPIN.

Ne pourriez-vous point, monsieur, me faire le plaisir et l'honneur de m'enseigner le logis de monsieur Grifon?

M. GRIFON.

Que lui voulez-vous à monsieur Grifon?

SCAPIN.

Avoir l'avantage de lui rendre un petit billet que monsieur Mathieu m'a fait l'honneur de me donner, afin que ledit sieur Grifon me fasse la grace de me compter deux mille huit cents livres restant à payer pour un collier que ledit sieur Grifon a acheté dudit sieur Mathieu.

M. GRIFON.

C'est moi qui suis monsieur Grifon. Et où est le billet.

SCÈNE XVIII.

SCAPIN.

Le voilà, monsieur : je ne viens qu'à bonnes enseignes. Vous aurez, s'il vous plaît, la bonté de m'expédier.

M. GRIFON.

Oui, voilà l'écriture de monsieur Mathieu ; mais je ne vous connois pas pour être à lui.

SCAPIN.

C'est une gloire que je ne mérite pas, monsieur ; je suis seulement son compère Isaac-Jérôme-Boisme Rousselet, maître marchand fripier ordinaire privilégié suivant la cour ; si l'on peut vous y rendre quelque service, vous n'avez qu'à disposer de votre petit serviteur.

M. GRIFON.

Je vous suis obligé.

SCAPIN.

J'ai des amis en ce pays-là : mon frère est apprenti partisan chez le commis du secrétaire de l'intendant d'un homme d'affaires, et mon oncle est le sous-portier de l'hôtel des fermes.

M. GRIFON.

Ces amis-là sont quelquefois plus utiles que d'autres.

SCAPIN.

Il est vrai, monsieur : j'ai autrefois, par leur moyen, tiré mon parrain des galères, et je sauvai l'année passée une amende honorable à monsieur Mathieu ; c'est ce qui fait qu'il a beaucoup de confiance en moi,

M. GRIFON, *à part.*

Voilà un garçon bien ingénu, c'est dommage qu'il lui manque un œil.

SCAPIN.

J'abuse de votre loisir, monsieur, mais ce n'est pas ma faute : avec deux mille huit cents livres vous serez débarrassé de mes importunités; et je prendrai congé de vous, quand il vous plaira.

M. GRIFON, *à part.*

Quel original! (*haut.*) Oui, oui, je vais vous apporter de l'argent; vous n'avez qu'à attendre.

SCÈNE XIX.

SCAPIN.

Par ma foi, voilà qui ne va pas mal.

SCÈNE XX.

SCAPIN, VALÈRE, LÉONOR, MARINE.

SCAPIN.

Mais voici mon maître avec sa maîtresse : il ne me reconnoîtra pas.

LÉONOR.

Comptez, Valère, que rien ne me peut faire changer.

VALÈRE.

Ah! charmante Léonor, que vous devez me paroître adorable avec de pareils sentiments

SCAPIN.

Monsieur, je vous donne le bon jour. Y a-t-il

SCENE XX.

long-temps que vous êtes en cette ville ? Vos affaires vont-elles bien ? Comment gouvernez-vous la joie avec cette aimable enfant ?

VALÈRE.

Que me veut cet ivrogne-là ? Qui êtes-vous, mon ami ?

SCAPIN.

Je suis un honnête garçon, qui connois vos besoins, et qui viens vous offrir deux cents pistoles que me va donner monsieur votre père

(*Il ôte son emplâtre.*)

VALÈRE.

C'est toi, Scapin ? Qui t'auroit reconnu ?

SCAPIN.

Vous voyez, monsieur, ce qu'on fait pour vous.

MARINE.

Par ma foi, voilà un méchant borgne.

VALÈRE.

Et tu as trouvé le moyen de tirer deux cents pistoles de mon père ?

SCAPIN.

Il va me les livrer. J'ai encore un collier à escamoter, mais j'aurois besoin tout à l'heure de quelques gens de main.

VALÈRE.

Tout à l'heure ? Et où veux-tu que je les cherche à présent ?

MARINE.

Monsieur, je suis à votre service. Pour la main, je l'ai aussi bonne que la langue.

SCAPIN.

Toi ? Mais serois-tu fille à travailler de nuit ?

MARINE.

Pourquoi non ? c'est dans ce temps-là que je triomphe. J'ai deux ou trois filles de mes amies qui ne m'abandonneront pas dans le besoin.

SCAPIN.

Bon, bon ; il ne me faut pas de plus vaillants champions pour mon dessein. Mais j'entends monsieur Grifon. Allez m'attendre au prochain détour ; je vous dirai dans un moment ce qu'il faudra faire.

VALÈRE.

Cependant si tu me disois de quelle manière..

SCAPIN.

Allez-vous-en.

VALÈRE.

Je pourrois peut-être...

SCAPIN.

Oh ! retirez-vous.

(*Scapin, voyant arriver M. Grifon, remet son emplâtre sur l'autre œil.*)

SCÈNE XXI.

M. GRIFON, SCAPIN.

M. GRIFON.

Il y a deux cents louis neufs dans cette bourse ; voyons si je ne me suis point trompé.

SCÈNE XXI.

SCAPIN, *prenant la bourse.*

Vous êtes trop exact, et vous savez trop bien compter.

M. GRIFON.

Il n'importe, monsieur, pour plus grande sûreté...

SCAPIN.

Je ne regarderai point après vous, monsieur; le compère Mathieu me l'a défendu.

M. GRIFON.

Vous êtes le maître. Serviteur.

SCAPIN, *à part.*

Voilà de quoi payer la sérénade.

SCÈNE XXII.

M. GRIFON.

Il me semble que mon borgne a changé son œil de l'autre côté. Monsieur Mathieu ne laisse point moisir l'argent entre les mains de ceux qui lui doivent. Je lui devois, me voilà quitte. Je ne sais ce que cela signifie; mais je n'ai point bonne opinion de mon mariage. Moi, qui n'ai jamais rien aimé, je m'avise de devenir amoureux à mon âge. O amour, amour! La nuit devient obscure, et le musicien devroit être ici.

SCÈNE XXIII.

M. GRIFON, CHAMPAGNE, *ivre.*

CHAMPAGNE, *chante.*

Lera, lera, lera.

M. GRIFON.

J'entends quelqu'un qui chante, seroit-ce lui ?

CHAMPAGNE.

Par la sembleu, je suis bien nourri. Ce monsieur Scapin fait bien les choses, oui.

M. GRIFON.

Qui va là ? Est-ce vous, monsieur le musicien ?

CHAMPAGNE.

Oui, à peu près, c'est un ivrogne.

M. GRIFON.

Passez votre chemin, mon ami.

CHAMPAGNE.

Que je passe mon chemin ?

M. GRIFON.

Oui.

CHAMPAGNE.

Oui, qui le pourroit.

M. GRIFON.

Quel maraud est-ce ci ?

CHAMPAGNE.

Maraud ! Voilà quelqu'un qui me connoît. Je suis plus pesant que de coutume, et je ne sais si mes jambes pourront porter au logis tout le vin que j'ai bu.

SCÈNE XXIII.

M. GRIFON, à part.

Ne seroit-ce point quelque émissaire de mon coquin de fils qui viendroit ici pour troubler la fête? Je veux m'en éclaircir.

CHAMPAGNE.

Holà, l'ami, qui parlez tout seul, suis-je loin de chez moi, par parenthèse?

M. GRIFON.

Où loges-tu?

CHAMPAGNE.

Hé! palsembleu, si je le savois, je ne le demanderois pas.

M. GRIFON.

Que cherches-tu dans ce quartier?

CHAMPAGNE.

Je ne sais : je ne m'en souviens pas. Je suis pourtant venu pour quelque chose. Ah!... monsieur Grifon, le connoissez-vous?

M. GRIFON.

Je ne me trompois pas, c'est un fripon.

CHAMPAGNE.

Justement, un fripon, un vilain, un fesse-mathieu.

M. GRIFON.

A qui penses-tu parler? C'est moi qui suis monsieur Grifon.

CHAMPAGNE.

Le diable emporte si je l'aurois deviné. Or donc, pour revenir à nos moutons, monsieur Mathieu, cet autre vilain,

M. GRIFON.

Ce pendard-là me fera perdre patience.

CHAMPAGNE.

Patience : oui, c'est bien dit, allons doucement. Ce monsieur Mathieu donc, comme de vilain à vilain il n'y a que la main, il est arrivé que, par la concomitance d'un collier... enfin je ne me souviens pas bien de tout cela.

M. GRIFON.

Tu as oublié la leçon qu'on t'a faite. Combien te donne-t-on pour jouer le personnage que tu fais ?

CHAMPAGNE.

Comme monsieur Mathieu est un vilain, je ne gagne pas grand'chose; mais je suis sobre.

M. GRIFON.

Il y paroît.

CHAMPAGNE.

Venons à l'explication. Vous êtes monsieur Grifon, je suis monsieur Champagne : donnez-moi de l'argent au plus vite, car j'ai hâte.

M. GRIFON.

Que je te donne de l'argent ?

CHAMPAGNE.

Oui, parbleu, de l'argent; je ne perds point le jugement, j'ai beau boire. Il me faut huit cent deux mille et quelques livres : j'ai le billet de monsieur Mathieu; vous allez voir, car je n'y vois goutte

SCÈNE XXIII.

M. GRIFON, *à part.*

Voilà justement l'enclouure. (*haut.*) Tu viens un peu trop tard pour m'attraper, mon pauvre ami : si tu as le billet de monsieur Mathieu, je t'en donnerai.

CHAMPAGNE.

Cela est fort judicieux et fort raisonnable ; j'aime les gens d'esprit. Je ne le trouve point ce diable de billet.

M. GRIFON.

Cherche bien.

CHAMPAGNE.

Je ne trouve rien, la peste m'étouffe. Je l'avois pourtant avant que d'aller au cabaret.

M. GRIFON.

Trouve-le donc.

CHAMPAGNE.

Oh ! vous en demandez trop. Quand on a bu, on ne peut pas retrouver sa maison ; vous voulez que je retrouve un billet ; il n'y a pas de raison à cela.

M. GRIFON.

Tu en as beaucoup, toi.

CHAMPAGNE.

Écoutez, ne nous brouillons point. J'étois de sang-froid quand je l'ai perdu, je le retrouverai quand je serai de sang-froid ; cela est infaillible. Jusqu'au revoir.

M. GRIFON.

Il n'est pas si ivre qu'il paroît

SCÈNE XXIV.

M. GRIFON.

Monsieur mon fils choisit mal ses gens. Il est plus malaisé de m'attraper qu'on ne s'imagine ; quelque nuit qu'il fasse, je connois les fourbes d'une lieue.

SCÈNE XXV.

SCAPIN, M. GRIFON.

SCAPIN.

Allons, monsieur, de la joie. Vive l'amour et la musique ! Je vous amène ici tout un opéra.

M. GRIFON.

Que voulez-vous faire de ces flambeaux ?

SCAPIN.

Pour nous éclairer, monsieur : ma musique est une musique de conséquence, il faut voir clair à ce qu'on fait. Allons, messieurs de la symphonie.

SÉRÉNADE.

M. GRIFON, SCAPIN, PLUSIEURS SYMPHONISTES, DANSEURS, ET MUSICIENS.

UN VÉNITIEN *chante*.

Or che più belle
Splendon le stelle,
Il sonno sbandite, amanti ;
Con suoni, con canti,

SCÈNE XXV.

La cruda svegliate :
Fate, fate
Che veda suoi rigori,
E miei dolori.

UNE VÉNITIENNE.

Forse ch' il lungo piangere,
Potrà frangere
Sua crudeltà,
Ed un dì merce
La tua fè ritroverà.

UN VÉNITIEN.

Amanti
Costanti,
Sofrite le pene,
Portate catene,
Sperate merce ;
Fra dogli e martiri,
Fra pianti e sospiri,
Si prova la fè.
Amanti
Costanti,
Sperate merce.

UNE VÉNITIENNE.

Spero, spero ch' un dì l'amor
Darà pace al dolor :
Il mio fedel ardor
Può ben far
Triomphar
Questo misero cuor.

SCAPIN.

Peut-être que l'italien ne vous plait pas ? il faut vous servir à la française.

LA SÉRÉNADE.

(*Il va chercher six femmes, déguisées avec des manteaux rouges, qui viennent en dansant, et font un spectacle. Léonor et Marine sont du nombre.*)

SCAPIN.

Amis, tenez-vous tous prêts ;
La bête est dans nos filets.
Lorsqu'un vieux fou s'échappe
D'être amoureux sur ses vieux ans,
Il faut qu'il mette la nappe,
Et qu'on boive à ses dépens.

CHOEUR.

Il faut qu'il mette la nappe,
Et qu'on boive à ses dépens.

AIR.

Vive la jeunesse !
Vive le printemps !
C'est le temps
De la tendresse.
Fuyez d'ici, sombre vieillesse,
Car en amour les vieillards ne sont bons
Qu'à payer les violons.

UNE MUSICIENNE

Un jour un vieux hibou
Se mit dans la cervelle
D'épouser une hirondelle
Jeune et belle
Dont l'amour l'avoit rendu fou.
Il pria les oiseaux de chanter à la fête :
Tout s'enfuit en voyant une si laide bête :
Il n'y resta que le coucou.

SCÈNE XXV.

M. GRIFON.

Monsieur le musicien, voilà de vilaines paroles.

SCAPIN.

Pardonnez-moi, monsieur, ce sont des paroles nouvelles qui furent faites à la noce de Vénus et de Vulcain. Mais, allons au fait.

(*Les violons jouent un air sur lequel les femmes de la sérénade dansent, et en dansant elles mettent le pistolet sous le nez de monsieur Grifon et de Scapin.*)

M. GRIFON.

Miséricorde ! des pistolets, monsieur le musicien !

SCAPIN.

Paix, paix, ne faisons point de bruit, nous ne sommes pas les plus forts.

M. GRIFON.

Ils prennent mon chapeau, monsieur le musicien.

SCAPIN.

Et paix, paix, ils prennent le mien, et je ne dis mot.

M. GRIFON.

Ils me déshabillent, monsieur le musicien

SCAPIN.

Hé ! comme vous criez : faut-il faire tant de bruit pour un méchant justaucorps ?

M. GRIFON.

Ils fouillent dans mes poches, monsieur le musicien, et prennent ma bourse.

SCAPIN.

Ils fouïlent aussi dans les miennes, mais il n'y a rien, ils seront bien attrapés.

M. GRIFON.

Ils me prennent un collier de quatre cents pistoles, monsieur le musicien.

Léonor et Marine se retirent.

SCAPIN.

Bon, bon, ils ne tueront personne.

M. GRIFON.

Ah! la maudite sérénade!

SCÈNE XXVI.

VALÈRE, SCAPIN, M. GRIFON, LÉONOR, MARINE, DANSEURS.

VALÈRE.

Ah, mon père, comme vous voilà! et d'où venez-vous?

SCAPIN

Nous venons de donner une sérénade.

M. GRIFON.

Ah! Valère, je suis mort : on vient de me voler un collier de quatre cents pistoles.

VALÈRE.

Ne vous alarmez point, mon père, je vous amène vos voleurs.

Léonor et Marine jettent leurs manteaux.

SCÈNE XXVI.

M. GRIFON.

Miséricorde ! Léonor ! Marine !

MARINE.

Oui, monsieur, c'est nous qui avons fait le coup.

SCAPIN.

Ah ! coquine, tu iras aux galères.

VALÈRE, *à M. Grifon.*

Si vous voulez consentir que j'épouse Léonor, je vous montrerai votre collier.

M. GRIFON.

Mon collier ? Ah ! je te promets que, si je le retrouve, je consens à tout.

VALÈRE, *tirant le collier de sa poche.*

Je n'irai pas loin.

M. GRIFON, *voulant prendre le collier.*

Ah ! mon cher collier !

VALÈRE.

Ah ! tout beau, s'il vous plait, mon père : je vous ai dit que je vous le ferois voir ; mais je ne vous ai pas dit que je vous le rendrois. Quand une fille se marie, elle a besoin d'un collier : en voilà un tout trouvé. (*à Léonor.*) Je vous prie, mademoiselle, de l'accepter pour l'amour de moi.

M. GRIFON.

Comment donc ?

SCAPIN.

Vous voulez bien, monsieur, que je vous fasse aussi mes petites excuses, et que je vous dise que le borgne à qui vous avez tantôt donné deux cents louis, c'étoit moi ; que je ne suis qu'une façon de musicien.

M. GRIFON.

Double pendard ! Ah ! je suis assassiné ! Quelle maudite journée ! Non, je ne veux jamais entendre parler ni de fils, ni de maîtresse, ni d'amour, ni de mariage, et je vous donne à tous les diables. (*Il sort.*)

MARINE.

Tant mieux : voilà peut-être la première chose qu'il ait donnée de sa vie.

SCAPIN *chante, et le chœur répète.*

J'offre ici mon savoir faire
À tous ceux qui n'ont point d'argent ;
Je crois que le nombre en est grand,
Et je n'aurai pas peu d'affaire.
Malgré toute ma ressource,
Gardez-vous d'un sexe enchanteur :
Non content de prendre le cœur,
Il en veut encore à la bourse.

FIN DE LA SÉRÉNADE.

LE JOUEUR,

COMÉDIE

EN CINQ ACTES ET EN VERS.

1696.

PERSONNAGES.

GÉRONTE, père de Valère.
VALÈRE, amant d'Angélique.
ANGÉLIQUE, amante de Valère.
LA COMTESSE, sœur d'Angélique.
DORANTE, oncle de Valère, et amant d'Angélique.
LE MARQUIS.
NÉRINE, suivante d'Angélique.
MADAME LA RESSOURCE, revendeuse à la toilette.
HECTOR, valet de Valère.
M. TOUTABAS, maître de trictrac.
M. GALONIER, tailleur.
MADAME ADAM, sellière.
UN LAQUAIS d'Angélique.
TROIS LAQUAIS du marquis.

La scène est à Paris, dans un hôtel garni.

LE JOUEUR,
COMÉDIE.

ACTE PREMIER.

SCÈNE I.

HECTOR, *dans un fauteuil, près d'une toilette.*

Il est, parbleu, grand jour; déjà de leur ramage
Les coqs ont éveillé tout notre voisinage.
Que servir un joueur est un maudit métier !
Ne serai-je jamais laquais d'un sous-fermier ?
Je ronflerois mon soûl la grasse matinée,
Et je m'enivrerois le long de la journée :
Je ferois mon chemin; j'aurois un bon emploi;
Je serois dans la suite un conseiller du roi,
Rat-de-cave, ou commis; et, que sait-on ? peut-être
Je deviendrois un jour aussi gras que mon maître;
J'aurois un bon carrosse à ressorts bien liants;
De ma rotondité j'emplirois le dedans :
Il n'est que ce métier pour brusquer la fortune;
Et tel change de meuble et d'habit chaque lune,
Qui, Jasmin autrefois, d'un drap du sceau couvert,
Bornoit sa garde-robe à son justaucorps vert.
Quelqu'un vient.

SCÈNE II.
NÉRINE, HECTOR.

HECTOR.

Si matin, Nérine, qui t'envoie ?

NÉRINE.

Que fait Valère ?

HECTOR.

Il dort.

NÉRINE.

Il faut que je le voie.

HECTOR.

Va, mon maître ne voit personne quand il dort.

NÉRINE.

Je veux lui parler.

HECTOR.

Paix ! ne parle pas si fort.

NÉRINE.

Oh ! j'entrerai, te dis-je.

HECTOR.

Ici je suis de garde,
Et je ne puis t'ouvrir que la porte bâtarde.

NÉRINE.

Tes sots raisonnements sont pour moi superflus.

HECTOR.

Voudrois-tu voir mon maître *in naturalibus* ?

NÉRINE.

Quand se lèvera-t-il ?

HECTOR.

Mais, avant qu'il se lève,

ACTE I, SCÈNE II.

Il faudra qu'il se couche ; et franchement...

NÉRINE.

Achève.

HECTOR.

Je ne dis mot.

NÉRINE.

Oh ! parle, ou de force ou de gré.

HECTOR.

Mon maître, en ce moment, n'est pas encor rentré.

NÉRINE.

Il n'est pas rentré ?

HECTOR.

Non. Il ne tardera guère :
Nous n'ouvrons pas matin. Il a plus d'une affaire,
Ce garçon-là.

NÉRINE.

J'entends. Autour d'un tapis vert,
Dans un maudit brelan, ton maître joue et perd,
Ou bien, réduit à sec, d'une ame familière
Peut-être il parle au ciel d'une étrange manière.
Par ordre très exprès d'Angélique, aujourd'hui
Je viens pour rompre ici tout commerce avec lui.
Des serments les plus forts appuyant sa tendresse,
Tu sais qu'il a cent fois promis à ma maîtresse
De ne toucher jamais cornet, carte, ni dé,
Par quelque espoir de gain dont son cœur fût guidé ;
Cependant...

HECTOR.

Je vois bien qu'un rival domestique
Consigne entre tes mains pour avoir Angélique.

NÉRINE.

Et quand cela seroit, n'aurois-je pas raison ?
Mon cœur ne peut souffrir de lâche trahison.
Angélique, entre nous, seroit extravagante
De rejeter l'amour qu'a pour elle Dorante ;
Lui, c'est un homme d'ordre, et qui vit congrument...

HECTOR.

L'amour se plaît un peu dans le dérèglement.

NÉRINE.

Un amant fait et mûr...

HECTOR.

Les filles d'ordinaire
Aiment mieux le fruit vert.

NÉRINE.

D'un fort bon caractère,
Qui ne sut de ses jours ce que c'est que le jeu.

HECTOR.

Mais mon maître est aimé.

NÉRINE.

Dont j'enrage. Morbleu !
Ne verrai-je jamais les femmes détrompées
De ces colifichets, de ces fades poupées,
Qui n'ont, pour imposer, qu'un grand air débraillé,
Un nez de tous côtés de tabac barbouillé,
Une lèvre qu'on mord pour rendre plus vermeille,
Un chapeau chiffonné qui tombe sur l'oreille,
Une longue steinkerque à replis tortueux,
Un haut-de-chausse bas prêt à tomber sous eux ;
Qui, faisant le gros dos, la main dans la ceinture,
Viennent, pour tout mérite, étaler leur figure ?

ACTE I, SCÈNE II.

HECTOR.

C'est le goût d'à présent ; tes cris sont superflus,
Mon enfant...

NÉRINE.

Je veux, moi, réformer cet abus.
Je ne souffrirai pas qu'on trompe ma maîtresse,
Et qu'on profite ainsi d'une tendre foiblesse ;
Qu'elle épouse un joueur, un petit brelandier,
Un franc dissipateur, et dont tout le métier
Est d'aller de cent lieux faire la découverte
Où de jeux et d'amour on tient boutique ouverte,
Et qui le conduiront tout droit à l'hôpital.

HECTOR.

Ton sermon me paroît un tant soit peu brutal.
Mais, tant que tu voudras, parle, prêche, tempête,
Ta maîtresse est coiffée.

NÉRINE.

Et crois-tu, dans ta tête,
Que l'amour sur son cœur ait un si grand pouvoir
Elle est fille d'esprit ; peut-être dès ce soir
Dorante, par mes soins, l'épousera.

HECTOR.

Tarare !
Elle est dans nos filets.

NÉRINE.

Et moi, je te déclare
Que je l'en tirerai dès aujourd'hui...

HECTOR.

Bon, bon !

NÉRINE.

Que Dorante a pour lui Nérine et la raison.

HECTOR.

Et nous avons l'amour. Tu sais que d'ordinaire,
Quand l'amour veut parler, la raison doit se taire,
Dans les femmes, s'entend.

NÉRINE.

Tu verras que chez nous,
Quand la raison agit, l'amour a le dessous.
Ton maître est un amant d'une espèce plaisante !
Son amour peut passer pour fièvre intermittente ;
Son feu pour Angélique est un flux et reflux.

HECTOR.

Elle est, après le jeu, ce qu'il aime le plus.

NÉRINE.

Oui ; c'est la passion qui seule le dévore :
Dès qu'il a de l'argent, son amour s'évapore.

HECTOR.

Mais, en revanche aussi, quand il n'a pas un sou,
Tu m'avoûras qu'il est amoureux comme un fou.

NÉRINE.

Oh ! j'empêcherai bien...

HECTOR.

Nous ne te craignons guère :
Et ta maîtresse, encor hier, promit à Valère
De lui donner dans peu, pour prix de son amour,
Son portrait enrichi de brillants tout autour.
Nous l'attendons, ma chère, avec impatience :
Nous aimons les bijoux avec concupiscence.

NÉRINE.

Ce portrait est tout prêt, mais ce n'est pas pour lui ;
Et Dorante en sera possesseur aujourd'hui.

HECTOR.

A d'autres.

NÉRINE.

N'est-ce pas une honte à Valère,
Étant fils de famille, ayant encor son père,
Qu'il vive comme il fait, et que, comme un banni,
Depuis un an il loge en cet hôtel garni ?

HECTOR.

Et vous y logez bien, et vous et votre clique.

NÉRINE.

Est-ce de même ? dis. Ma maîtresse Angélique,
Et la veuve, sa sœur, ne sont dans ce pays
Que pour un temps, et n'ont point de père à Paris.

HECTOR.

Valère a déserté la maison paternelle ;
Mais ce n'est point à lui qu'il faut faire querelle :
Et si monsieur son père avoit voulu sortir,
Nous y serions encore, à ne t'en point mentir.
Ces pères, bien souvent, sont obstinés en diable.

NÉRINE.

Il a tort, en effet, d'être si peu traitable !
Quoi qu'il en soit, enfin, je ne t'abuse pas,
Je fais la guerre ouverte ; et je vais, de ce pas,
Dire ce que je vois, avertir ma maîtresse
Que Valère toujours est faux dans sa promesse ;
Qu'il ne sera jamais digne de ses amours ;
Qu'il a joué, qu'il joue, et qu'il jouera toujours.
Adieu.

HECTOR.

Bon jour.

SCÈNE III.

HECTOR.

Autant que je m'y puis connoître,
Cette Nérine-ci n'est pas trop pour mon maître.
A-t-elle grand tort ? non. C'est un panier percé,
Qui...

SCÈNE IV.

VALÈRE, HECTOR.

(Valère paroît en désordre, comme un homme qui a joué toute la nuit.)

HECTOR.

Mais je l'aperçois. Qu'il a l'air harassé !
On soupçonne aisément, à sa triste figure,
Qu'il cherche en vain quelqu'un qui prête à triple usure.

VALÈRE.

Quelle heure est-il ?

HECTOR.

Il est... je ne m'en souviens pas.

VALÈRE.

Tu ne t'en souviens pas ?

HECTOR.

Non, monsieur.

VALÈRE.

Je suis las
De tes mauvais discours; et tes impertinences...

HECTOR, *à part*.

Ma foi, la vérité répond aux apparences.

ACTE I, SCÈNE IV.

VALÈRE.

Ma robe de chambre. (*à part.*) Euh !

HECTOR, *à part.*

Il jure entre ses dents.

VALÈRE.

Eh bien ! me faudra-t-il attendre encor long-temps ?
(*Il se promène.*)

HECTOR.

Hé ! la voilà, monsieur.

(*Il suit son maître, tenant sa robe de chambre toute déployée.*)

VALÈRE, *se promenant.*

Une école maudite
Me coûte, en un moment, douze trous tout de suite
Que je suis un grand chien ! Parbleu, je te saurai,
Maudit jeu de trictrac, ou bien je ne pourrai.
Tu peux me faire perdre, ô fortune ennemie !
Mais me faire payer, parbleu, je t'en défie ;
Car je n'ai pas un sou.

HECTOR, *tenant toujours la robe.*

Vous plairoit-il, monsieur...

VALÈRE, *se promenant.*

Je me ris de tes coups, j'incague ta fureur.

HECTOR.

Votre robe de chambre est, monsieur, toute prête.

VALÈRE.

Va te coucher, maraud ; ne me romps point la tête.
Va-t'en.

HECTOR.

Tant mieux.

SCÈNE V.

VALÈRE, *se mettant dans un fauteuil.*

Je veux dormir dans ce fauteuil.
Que je suis malheureux ! je ne puis fermer l'œil.
Je dois de tous côtés, sans espoir, sans ressource,
Et n'ai pas, grace au ciel, un écu dans ma bourse.
Hector... Que ce coquin est heureux de dormir !
Hector.

SCÈNE VI.

VALÈRE, HECTOR.

HECTOR, *derrière le théâtre.*

Monsieur.

VALÈRE.

Eh bien ! bourreau, veux-tu venir ?

Hector entre à moitié déshabillé.

VALÈRE.

N'es-tu pas las encor de dormir, misérable ?

HECTOR.

Las de dormir, monsieur ? Hé ! je me donne au diable
Je n'ai pas eu le temps d'ôter mon justaucorps.

VALÈRE.

Tu dormiras demain.

HECTOR, *à part.*

Il a le diable au corps.

VALÈRE.

Est-il venu quelqu'un ?

ACTE I, SCÈNE VI.

HECTOR.
Il est, selon l'usage,
Venu maint créancier; de plus, un gros visage,
Un maître de trictrac qui ne m'est pas connu.
Le maître de musique est encore venu.
Ils reviendront bientôt.

VALÈRE.
Bon. Pour cette autre affaire,
M'as-tu déterré...

HECTOR.
Qui? cette honnête usurière,
Qui nous prête, par heure, à vingt sous par écu?

VALÈRE.
Justement, elle-même.

HECTOR.
Oui, monsieur, j'ai tout vu.
Qu'on vend cher maintenant l'argent à la jeunesse!
Mais enfin j'ai tant fait, avec un peu d'adresse,
Qu'elle m'a reconduit d'un air fort obligeant;
Et vous aurez, je crois, au plus tôt votre argent.

VALÈRE.
J'aurois les mille écus! O ciel! quel coup de grace!
Hector, mon cher Hector, viens-çà que je t'embrasse.

HECTOR.
Comme l'argent rend tendre!

VALÈRE.
Et tu crois qu'en effet
Je n'ai, pour en avoir, qu'à donner mon billet?

HECTOR.
Qui le refuseroit seroit bien difficile;
Vous êtes aussi bon que banquier de la ville.

Pour la réduire au point où vous la souhaitez,
Il a fallu lever bien des difficultés :
Elle est d'accord de tout, du temps, des arrérages ;
Il ne faut maintenant que lui donner des gages.

VALÈRE.

Des gages ?

HECTOR.

Oui, monsieur.

VALÈRE.

Mais y penses-tu bien ?
Où les prendrai-je ? dis.

HECTOR.

Ma foi, je n'en sais rien.
Pour nippes, nous n'avons qu'un grand fonds d'espéran
Sur les produits trompeurs d'une réjouissance ;
Et, dans ce siècle-ci, messieurs les usuriers,
Sur de pareils effets prêtent peu volontiers.

VALÈRE.

Mais quel gage, dis-moi, veux-tu que je lui donne ?

HECTOR.

Elle viendra tantôt elle-même en personne ;
Vous vous ajusterez ensemble en quatre mots.
Mais, monsieur, s'il vous plaît, pour changer de propos,
Aimeriez-vous toujours la charmante Angélique ?

VALÈRE.

Si je l'aime ? ah ! ce doute et m'outrage et me pique.
Je l'adore.

HECTOR.

Tant pis ; c'est un signe fâcheux.
Quand vous êtes sans fonds, vous êtes amoureux ;
Et, quand l'argent renaît, votre tendresse expire.

Votre bourse est, monsieur, puisqu'il faut vous le dire,
Un thermomètre sûr, tantôt bas, tantôt haut,
Marquant de votre cœur ou le froid ou le chaud.

VALÈRE.

Ne crois pas que le jeu, quelque sort qu'il me donne,
Me fasse abandonner cette aimable personne.

HECTOR.

Oui ; mais j'ai bien peur, moi, qu'on ne vous plante là.

VALÈRE.

Et sur quel fondement peux-tu juger cela ?

HECTOR.

Nérine sort d'ici, qui m'a dit qu'Angélique
Pour Dorante, votre oncle, en ce moment s'explique ;
Que vous jouez toujours, malgré tous vos serments,
Et qu'elle abjure enfin ses tendres sentiments.

VALÈRE.

Dieux ! que me dis-tu là ?

HECTOR.

    Ce que je viens d'entendre.

VALÈRE.

Bon ! cela ne se peut, on t'a voulu surprendre.

HECTOR.

Vous êtes assez riche en bonne opinion,
A ce qu'il me paroît.

VALÈRE.

    Point : sans présomption
On sait ce que l'on vaut.

HECTOR.

    Mais si, sans vouloir rire,
Tout alloit comme j'ai l'honneur de vous le dire,
Et qu'Angélique enfin pût changer...

VALÈRE.

En ce cas
Je prends le parti... Mais cela ne se peut pas.

HECTOR.

Si cela se pouvoit, qu'une passion neuve...

VALÈRE.

En ce cas je pourrois rabattre sur la veuve,
La comtesse sa sœur.

HECTOR.

Ce dessein me plaît fort ;
j'aime un amour fondé sur un bon coffre-fort.
Si vous vouliez un peu vous aider avec elle,
Cette veuve, je crois, ne seroit point cruelle ;
Ce seroit une éponge à presser au besoin.

VALÈRE.

Cette éponge, entre nous, ne vaudroit pas ce soin

HECTOR.

C'est dans son caractère une espèce parfaite,
Un ambigu nouveau de prude et de coquette,
Qui croit mettre les cœurs à contribution
Et qui veut épouser ; c'est là sa passion.

VALÈRE.

Épouser ?

HECTOR.

Un marquis de même caractère,
Grand épouseur aussi, la galope et la flaire

VALÈRE.

Et quel est ce marquis ?

HECTOR.

C'est, à vous parler net,
Un marquis de hasard fait par le lansquenet,

ACTE I, SCÈNE VI.

Fort brave, à ce qu'il dit, intrigant, plein d'affaires ;
Qui croit de ses appas les femmes tributaires ;
Qui gagne au jeu beaucoup, et qui, dit-on, jadis
Étoit valet-de-chambre avant d'être marquis.
Mais sauvons-nous, monsieur, j'aperçois votre père.

SCÈNE VII.

GÉRONTE, VALÈRE, HECTOR.

GÉRONTE.

Doucement ; j'ai deux mots à vous dire, Valère.
  (à Hector.)
Pour toi, j'ai quelques coups de canne à te prêter.

HECTOR.

Excusez-moi, monsieur, je ne puis m'arrêter.

GÉRONTE.

Demeure là, maraud.

HECTOR, à part.

Il n'est pas temps de rire.

GÉRONTE.

Pour la dernière fois, mon fils, je viens vous dire
Que votre train de vie est si fort scandaleux,
Que vous m'obligerez à quelque éclat fâcheux.
Je ne puis retenir ma bile davantage,
Et ne saurois souffrir votre libertinage.
Vous êtes pilier né de tous les lansquenets,
Qui sont pour la jeunesse autant de trébuchets.
Un bois plein de voleurs est un plus sûr passage :
Dans ces lieux jour et nuit ce n'est que brigandage.
Il faut opter des deux, être dupe ou fripon.

HECTOR.

Tous ces jeux de hasard n'attirent rien de bon.

LE JOUEUR

J'aime les jeux galants où l'esprit se déploi
      (à Géronte.)
C'est, monsieur, par exemple, un joli jeu que l'oie.
     GÉRONTE, *à Hector.*
      (à Valère.)
Tais-toi. Non, à présent le jeu n'est que fureur :
On joue argent, bijoux, maisons, contrats, honneur;
Et c'est ce qu'une femme, en cette humeur à craindre,
Risque plus volontiers, et perd plus sans se plaindre.
      HECTOR.
Oh! nous ne risquons pas, monsieur, de tels bijoux.
      GÉRONTE.
Votre conduite enfin m'enflamme de courroux;
Je ne puis vous souffrir vivre de cette sorte :
Vous m'avez obligé de vous fermer ma porte;
J'étois las, attendant chez moi votre retour,
Qu'on fît du jour la nuit, et de la nuit le jour.
      HECTOR.
C'est bien fait. Ces joueurs qui courent la fortune,
Dans leurs déréglements ressemblent à la lune,
Se couchant le matin, et se levant le soir.
      GÉRONTE.
Vous me poussez à bout; mais je vous ferai voir
Que, si vous ne changez de vie et de manière
Je saurai me servir de mon pouvoir de père,
Et que de mon courroux vous sentirez l'effet.
     HECTOR, *à Valère*
Votre père a raison.
      GÉRONTE.
        Comme le voilà fait!
Débraillé, mal peigné, l'œil hagard! A sa mine
On croiroit qu'il viendroit, dans la forêt **voisine**,

De faire un mauvais coup.
####### HECTOR, *à part.*

On croiroit vrai de lui :
Il a fait trente fois coupe-gorge aujourd'hui.
####### GÉRONTE.
Serez-vous bientôt las d'une telle conduite ?
Parlez, que dois-je enfin espérer dans la suite ?
####### VALÈRE.
Je reviens aujourd'hui de mon égarement,
Et ne veux plus jouer, mon père, absolument.
####### HECTOR, *à part.*
Voilà du fruit nouveau dont son fils le régale.
####### GÉRONTE.
Quand ils n'ont pas un sou, voilà de leur morale.
####### VALÈRE.
J'ai de l'argent encore ; et, pour vous contenter,
De mes dettes je veux aujourd'hui m'acquitter.
####### GÉRONTE.
S'il est ainsi, vraiment, j'en ai bien de la joie.
####### HECTOR, *bas, à Valère.*
Vous acquitter, monsieur ! avec quelle monnoie ?
####### VALÈRE, *bas, à Hector.*
(*haut, à son père.*)
Te tairas-tu ? Mon oncle aspire dans ce jour
A m'ôter d'Angélique et la main et l'amour :
Vous savez que pour elle il a l'ame blessée,
Et qu'il veut m'enlever...
####### GÉRONTE
Oui, je sais sa pensée ;
Et je serai ravi de le voir confondu.
####### HECTOR, *à Géronte.*
Vous n'avez qu'à parler, c'est un homme tondu.

GÉRONTE.

Je voudrois bien déja que l'affaire fût faite.
Angélique est fort riche, et point du tout coquette,
Maîtresse de son choix. Avec ce bon dessein,
Va te mettre en état de mériter sa main,
Payer tes créanciers...

VALÈRE.

J'y vais, j'y cours...
(*il va pour sortir, parle bas à Hector, et revient.*)
Mon père...

GÉRONTE.

Eh! plaît-il?

VALÈRE.

Pour sortir entièrement d'affaire,
Il me manque environ quatre ou cinq mille francs ;
Si vous vouliez, monsieur...

GÉRONTE.

Ah! ah! je vous entends.
Vous m'avez mille fois bercé de ces sornettes.
Non. Comme vous pourrez, allez payer vos dettes.

VALÈRE.

Mais, mon père, croyez...

GÉRONTE.

A d'autres, s'il vous plaît.

VALÈRE.

Prêtez-moi mille écus.

HECTOR, *à Géronte.*

Nous paierons l'intérêt
Au denier un.

VALÈRE.

Monsieur...

GÉRONTE.
Je ne puis vous entendre.
VALÈRE.
Je ne veux point, mon père, aujourd'hui vous surprendre :
Et, pour vous faire voir quels sont mes bons desseins,
Retenez cet argent, et payez par vos mains.
HECTOR.
Ah ! parbleu, pour le coup, c'est être raisonnable.
GÉRONTE.
Et de combien encore êtes-vous redevable ?
VALÈRE.
La somme n'y fait rien.
GÉRONTE.
La somme n'y fait rien.
HECTOR.
Non. Quand vous le verrez vivre en homme de bien,
Vous ne regretterez nullement la dépense ;
Et nous ferons, monsieur, la chose en conscience.
GÉRONTE.
Écoutez : je veux bien faire un dernier effort ;
Mais, après cela, si...
VALÈRE.
Modérez ce transport.
Que sur mes sentiments votre ame se repose.
Je vais voir Angélique ; et mon cœur se propose
D'arrêter son courroux déjà prêt d'éclater

SCÈNE VIII

GÉRONTE, HECTOR.

HECTOR.
Je m'en vais travailler, moi, pour vous contenter,

A vous faire, en raisons claires et positives,
Le mémoire succinct de nos dettes passives,
Et que j'aurai l'honneur de vous montrer dans peu.

SCÈNE IX.

GÉRONTE.

Mon frère en son amour n'aura pas trop beau jeu.
Non, quand ce ne seroit que pour le contredire,
Je veux rompre l'hymen où son amour aspire ;
Et j'aurai deux plaisirs à la fois, si je puis,
De chagriner mon frère, et marier mon fils.

SCÈNE X.

M. TOUTABAS, GÉRONTE.

TOUTABAS.

Avec tous les respects d'un cœur vraiment sincère,
Je viens pour vous offrir mon petit ministère.
Je suis, pour vous servir, gentilhomme auvergnac,
Docteur dans tous les jeux, et maître de trictrac :
Mon nom est Toutabas, vicomte de la Case,
Et votre serviteur, pour terminer ma phrase.

GÉRONTE, *à part.*

Un maître de trictrac ! Il me prend pour mon fils.

(haut.)

Quoi! vous montrez, monsieur, un tel art dans Paris,
Et l'on ne vous a pas fait présent, en galère,
D'un brevet d'espalier ?

ACTE I, SCÈNE X.

TOUTABAS, *à part.*
 A quel homme ai-je affaire ?
(haut.)
Comment ! je vous soutiens que dans tous les états
On ne peut de mon art assez faire de cas,
Qu'un enfant de famille, et qu'on veut bien instruire,
Devroit savoir jouer avant que savoir lire.

GÉRONTE.

Monsieur le professeur, avecque vos raisons,
Il faudroit vous loger aux Petites-Maisons.

TOUTABAS.

De quoi sert, je vous prie, une foule inutile
De chanteurs, de danseurs, qui montrent par la ville ?
Un jeune homme en est-il plus riche, quand il sait
Chanter ré mi fa sol, ou danser un menuet ?
Paiera-t-on des marchands la cohorte pressante
Avec un vaudeville, ou bien une courante ?
Ne vaut-il pas bien mieux qu'un jeune cavalier
Dans mon art au plus tôt se fasse initier ;
Qu'il sache, quand il perd, d'une ame non commune,
A force de savoir, rappeler la fortune ;
Qu'il apprenne un métier qui, par de sûrs secrets,
En le divertissant, l'enrichisse à jamais ?

GÉRONTE.

Vous êtes riche, à voir ?

TOUTABAS.
 Le jeu fait vivre à l'aise
Nombre d'honnêtes gens, fiacres, porteurs de chaise,
Mille usuriers fournis de ces obscurs brillants
Qui vont de doigts en doigts tous les jours circulants,
Des Gascons à souper dans des brelans fidèles,
Des chevaliers sans ordre, et tant de demoiselles

Qui, sans le lansquenet et son produit caché,
De leur foible vertu feroient fort bon marché,
Et dont tous les hivers la cuisine se fonde
Sur l'impôt établi d'une infaillible ronde.

GÉRONTE.

S'il est quelque joueur qui vive de son gain,
On en voit tous les jours mille mourir de faim,
Qui, forcés à garder une longue abstinence,
Pleurent d'avoir trop mis à la réjouissance.

TOUTABAS.

Et c'est de là que vient la beauté de mon art.
En suivant mes leçons, on court peu de hasard.
Je sais, quand il le faut, par un peu d'artifice,
Du sort injurieux corriger la malice ;
Je sais dans un trictrac, quand il faut un sonnez,
Glisser des dés heureux, ou chargés, ou pipés ;
Et quand mon plein est fait, gardant mes avantages
J'en substitue aussi d'autres prudents et sages,
Qui, n'offrant à mon gré que des as à tous coups,
Me font, en un instant, enfiler douze trous.

GÉRONTE.

Eh ! monsieur Toutabas, vous avez l'insolence
De venir dans ces lieux montrer votre science ?

TOUTABAS.

Oui, monsieur, s'il vous plaît.

GÉRONTE.

Et vous ne craignez pas
Que j'arme contre vous quatre paires de bras,
Qui le long de vos reins...

TOUTABAS.

Monsieur, point de colère ;
Je ne suis point ici venu pour vous déplaire.

ACTE I, SCENE X.

GÉRONTE, *le poussant.*

Maître juré filou, sortez de la maison.

TOUTABAS.

Non, je n'en sors qu'après vous avoir fait leçon.

GÉRONTE.

A moi, leçon ?

TOUTABAS.

Je veux, par mon savoir extrême,
Que vous escamotiez un dé comme moi-même.

GÉRONTE.

Je ne sais qui me tient, tant je suis animé,
Que quelques bons soufflets donnés à poing fermé...
Va-t'en.

(*Il le prend par les épaules.*)

TOUTABAS.

Puisqu'aujourd'hui votre humeur pétulante
Vous rend l'ame aux leçons un peu récalcitrante,
Je reviendrai demain pour la seconde fois.

GÉRONTE.

Reviens.

TOUTABAS.

Vous plairoit-il de m'avancer le mois ?

GÉRONTE, *le poussant tout-à-fait dehors.*

Sortiras-tu d'ici, vrai gibier de potence ?

SCÈNE XI.
GÉRONTE.

Je ne puis respirer, et j'en mourrai, je pense.
Heureusement mon fils n'a point vu ce fripon :
Il me prenoit pour lui dans cette occasion.
Sachons ce qu'il a fait ; et, sans plus de mystère,
Concluons son hymen, et finissons l'affaire.

FIN DU PREMIER ACTE.

ACTE SECOND.

SCÈNE I.

ANGÉLIQUE, NÉRINE.

ANGÉLIQUE.

Mon cœur seroit bien lâche, après tant de sermens,
D'avoir encor pour lui de tendres mouvemens.
Nérine, c'en est fait, pour jamais je l'oublie ;
Je ne veux ni l'aimer, ni le voir de ma vie :
Je sens la liberté de retour dans mon cœur.
Ne me viens pas au moins parler en sa faveur.

NÉRINE.

Moi, parler pour Valère ? il faudroit être folle !
Que plutôt à jamais je perde la parole !

ANGÉLIQUE.

Ne viens point désormais, pour calmer mon dépit,
Rappeler à mes sens son air et son esprit ;
Car tu sais qu'il en a.

NÉRINE.

De l'esprit ! lui, madame !
Il est plus journalier mille fois qu'une femme :
Il rêve à tout moment ; et sa vivacité
Dépend presque toujours d'une carte, ou d'un dé.

ANGÉLIQUE.

Mon cœur est maintenant certain de sa victoire,

NÉRINE.

Madame, croyez-moi, je connois le grimoire ;
Souvent tous ces dépits sont des hoquets d'amour.

ANGÉLIQUE.

Non ; l'amour de mon cœur est banni sans retour.

NÉRINE.

Cet hôte dans un cœur a bientôt fait son gîte ;
Mais il se garde bien d'en déloger si vite.

ANGÉLIQUE.

Ne crains rien de mon cœur.

NÉRINE.

S'il venoit à l'instant,
Avec cet air flatteur, soumis, insinuant,
Que vous lui connoissez ; que d'un ton pathétique
(elle se met à ses pieds.)
Il vous dit à vos pieds : « Non, charmante Angélique,
Je ne veux opposer à tout votre courroux
Qu'un seul mot, Je vous aime et je n'aime que vous :
Votre ame en ma faveur n'est-elle point émue ?
Vous ne me dites rien ! vous détournez la vue !
(elle se relève.)
Vous voulez donc ma mort ! il faut vous contenter. »
Peut-être en ce moment, pour vous épouvanter,
Il se soufflètera d'une main mutinée,
Se donnera du front contre une cheminée,
S'arrachera de rage un toupet de cheveux
Qui ne sont pas à lui. Mais de ces airs fougueux
Ne vous étonnez pas ; comptez qu'en sa colère
Il ne se fera pas grand mal.

ANGÉLIQUE.

Laisse-moi faire.

ACTE II, SCÈNE I.

NÉRINE.

Vous voilà, grace au ciel, bien instruite sur tout :
Ne vous démentez point ; tenez bon jusqu'au bout.

SCÈNE II.

LA COMTESSE, ANGÉLIQUE, NÉRINE.

LA COMTESSE.

On dit par-tout, ma sœur, qu'un peu moins prévenue,
Vous épousez Dorante.

ANGÉLIQUE.

Oui, j'y suis résolue.

LA COMTESSE.

Mon cœur en est ravi. Valère est un vrai fou,
Qui joueroit votre bien jusques au dernier sou.

ANGÉLIQUE.

D'accord.

LA COMTESSE.

J'aime à vous voir vaincre votre tendresse.
Cet amour, entre nous, étoit une foiblesse ;
Il faut se dégager de ces attachements,
Que la raison condamne, et qui flattent nos sens.

ANGÉLIQUE.

Il est vrai.

LA COMTESSE.

Rien n'est plus à craindre dans la vie,
Qu'un époux qui du jeu ressent la tyrannie.
J'aimerois mieux qu'il fût gueux, avaricieux,
Coquet, fâcheux, mal fait, brutal, capricieux,
Ivrogne, sans esprit, débauché, sot, colère,
Que d'être un emporté joueur comme est Valère

ANGÉLIQUE.
Je sais que ce défaut est le plus grand de tous.
LA COMTESSE.
Vous ne voulez donc plus en faire votre époux ?
ANGÉLIQUE.
Moi ? non : dans ce dessein nos humeurs sont conformes.
NÉRINE.
Il a, ma foi, reçu son congé dans les formes.
LA COMTESSE.
C'est bien fait. Puisqu'enfin vous renoncez à lui,
Je vais l'épouser, moi.
ANGÉLIQUE.
L'épouser ?
LA COMTESSE.
Aujourd'hui.
ANGÉLIQUE.
Ce joueur, qu'à l'instant...
LA COMTESSE.
Je saurai le réduire.
On sait sur les maris ce que l'on a d'empire.
ANGÉLIQUE.
Quoi ! vous voulez, ma sœur, avec cet air si doux,
Ce maintien réservé, prendre un nouvel époux ?
LA COMTESSE.
Et pourquoi non, ma sœur ? Fais-je donc un grand crime
De rallumer les feux d'un amour légitime ?
J'avois fait vœu de fuir tout autre engagement.
Pour garder du défunt le souvenir charmant,
Je portois son portrait ; et cette vive image
Me soulageoit un peu des chagrins du veuvage :
Mais qu'est-ce qu'un portrait, quand on aime bien fort ?
C'est un époux vivant qui console d'un mort.

NÉRINE.
Madame n'aime pas les maris en peinture.
LA COMTESSE.
Cela racquitte-t-il d'une perte aussi dure?
NÉRINE.
C'est irriter le mal au lieu de l'adoucir.
ANGÉLIQUE.
Connoisseuse en maris, vous deviez mieux choisir.
Vous unir à Valère !
LA COMTESSE.
    Oui, ma sœur, à lui-même.
ANGÉLIQUE.
Mais vous n'y pensez pas. Croyez-vous qu'il vous aime ?
LA COMTESSE.
S'il m'aime, lui ! s'il m'aime ! Ah ! quel aveuglement !
On a certains attraits, un certain enjouement,
Que personne ne peut me disputer, je pense.
ANGÉLIQUE.
Après un si long temps de pleine jouissance,
Vos attraits sont à vous sans contestation.
LA COMTESSE.
Et je puis en user à ma discrétion.
ANGÉLIQUE.
Sans doute. Et je vois bien qu'il n'est pas impossible
Que Valère pour vous ait eu le cœur sensible :
L'or est d'un grand secours pour acheter un cœur ;
Ce métal, en amour, est un grand séducteur.
LA COMTESSE.
En vain vous m'insultez avec un tel langage :
La modération fut toujours mon partage :
Mais ce n'est point par l'or que brillent mes attraits :

Et jamais en aimant je ne fis de faux frais.
Mes sentiments, ma sœur, sont différents des vôtres.
Si je connois l'amour, ce n'est que dans les autres.
J'ai beau m'armer de fier, je vois de toutes parts
Mille cœurs amoureux suivre mes étendards :
Un conseiller de robe, un seigneur de finance,
Dorante, le marquis, briguent mon alliance ;
Mais si d'un nouveau nœud je veux bien me lier,
Je prétends à Valère offrir un cœur entier.
Je fais profession d'une vertu sévère.

ANGÉLIQUE.

Qui peut vous assurer de l'amour de Valère ?

LA COMTESSE.

Qui peut m'en assurer ? mon mérite, je crois.

ANGÉLIQUE.

D'autres sur lui, ma sœur, auroient les mêmes droits.

LA COMTESSE.

Il n'eut jamais pour vous qu'une estime stérile,
Un petit feu léger, vagabond, volatile.
Quand on veut inspirer une solide amour,
Il faut avoir vécu, ma sœur, bien plus d'un jour,
Avoir un certain poids, une beauté formée,
Par l'usage du monde, et des ans confirmée.
Vous n'en êtes pas là.

ANGÉLIQUE.
          J'attendrai bien du temps.

NÉRINE.

Madame est prévoyante, elle a pris les devants.
Mais on vient.

SCÈNE III.

LA COMTESSE, ANGÉLIQUE, NÉRINE, UN LAQUAIS.

UN LAQUAIS, *à la comtesse.*
Le marquis, madame, est là qui monte.
LA COMTESSE.
Le marquis? Hé! non, non; il n'est pas sur mon compte.

SCÈNE IV.

LE MARQUIS, LA COMTESSE, ANGÉLIQUE, NÉRINE.

LE MARQUIS, *se rajustant, à la comtesse.*
Je suis tout en désordre : un maudit embarras
M'a fait quitter ma chaise à deux ou trois cents pas;
Et j'y serois encor dans des peines mortelles,
Si l'Amour, pour vous voir, ne m'eût prêté ses ailes.
LA COMTESSE.
Que monsieur le marquis est galant, sans fadeur!
LE MARQUIS.
Oh! point du tout, je suis votre humble serviteur;
Mais à vous parler net, sans que l'esprit fatigue,
Près du sexe je sais me démêler d'intrigue.
(*apercevant Angélique.*)
Ah! juste ciel! quel est cet admirable objet?
LA COMTESSE.
C'est ma sœur.
LE MARQUIS.
Votre sœur! Vraiment, c'est fort bien fait.
Je vous sais gré d'avoir une sœur aussi belle;

On la prendroit, parbleu, pour votre sœur jumelle.
LA COMTESSE.
Comme à tout ce qu'il dit il donne un joli tour !
Qu'il est sincère ! On voit qu'il est homme de cour.
LE MARQUIS.
Homme de cour, moi ! non. Ma foi, la cour m'ennuie :
L'esprit de ce pays n'est qu'en superficie ;
Sitôt que vous voulez un peu l'approfondir,
Vous rencontrez le tuf. J'y pourrois m'agrandir :
J'ai de l'esprit, du cœur, plus que seigneur en France ;
Je joue, et j'y ferois fort bonne contenance :
Mais je n'y vais jamais que par nécessité,
Et pour y rendre au roi quelque civilité.
NÉRINE.
Il vous est obligé, monsieur, de tant de peine.
LE MARQUIS.
Je n'y suis pas plus tôt, soudain je perds haleine ;
Ces fades compliments sur de grands mots montés,
Ces protestations qui sont futilités,
Ces serrements de mains dont on vous estropie,
Ces grands embrassements dont un flatteur vous lie,
M'ôtent, à tout moment, la respiration :
On ne s'y dit bon jour que par convulsion.
ANGÉLIQUE, *au marquis.*
Les dames de la cour sont bien mieux votre affaire.
LE MARQUIS.
Point. Il faut être au moins gros fermier pour leur plaire ;
Leur sotte vanité croit ne pouvoir trop haut
A des faveurs de cour mettre un injuste taux.
Moi, j'aime à pourchasser des beautés mitoyennes.
L'hiver, dans un fauteuil, avec des citoyennes,
Les pieds sur les chenets étendus sans façons,

Je pousse la fleurette, et conte mes raisons.
Là, toute la maison s'offre à me faire fête;
Valet, fille de chambre, enfants, tout est honnête ;
L'époux même, discret, quand il entend minuit,
Me laisse avec madame, et va coucher sans bruit.
Voilà comme je vis, quand parfois dans la ville
Je veux bien déroger...

NÉRINE.

La manière est facile ;
Et ce commerce-là me paroît assez doux.

LE MARQUIS, *à la comtesse.*

C'est ainsi que je veux en user avec vous.
Je suis tout naturel, et j'aime la franchise ;
Ma bouche ne dit rien que mon cœur n'autorise ;
Et quand de mon amour je vous fais un aveu,
Madame, il est trop vrai que je suis tout en feu.

LA COMTESSE.

Fi donc, petit badin ! un peu de retenue ;
Vous me parlez, marquis, une langue inconnue :
Le mot d'amour me blesse, et me fait trouver mal

LE MARQUIS.

L'effet n'en seroit pas peut-être si fatal

NÉRINE.

Elle veut qu'en détours la chose s'enveloppe ;
Et ce mot dit à cru lui cause une syncope.

ANGÉLIQUE.

Dans la bouche d'un autre il deviendroit plus doux.

LA COMTESSE.

Comment ? Qu'est-ce ? Plaît-il ? Parlez ; expliquez-vous,
Parlez donc, parlez donc. Apprenez, je vous prie,
Que mortel, quel qu'il soit, ne me dit de ma vie
Un mot douteux qui pût effleurer mon honneur.

LE MARQUIS.
Croiroit-on qu'une veuve auroit tant de pudeur?
ANGÉLIQUE.
Mais Valère vous aime; et souvent...
LE MARQUIS.
Qu'est-ce à dire,
Valère? un autre ici conjointement soupire!
Ah! si je le savois, je lui ferois, morbleu!...
Où loge-t-il?
NÉRINE.
Ici.
LE MARQUIS, *fait semblant de s'en aller, et revient.*
Nous nous verrons dans peu.
LA COMTESSE.
Mais quel droit avez-vous sur moi?
LE MARQUIS.
Quel droit, ma reine?
Le droit de bienséance, avec celui d'aubaine.
Vous me convenez fort, et je vous conviens mieux.
Sur vous l'on sait assez que je jette les yeux.
LA COMTESSE.
Vous êtes fou, marquis, de parler de la sorte.
LE MARQUIS.
Je sais ce que je dis, ou le diable m'emporte.
LA COMTESSE.
Sommes-nous donc liés par quelque engagement?
LE MARQUIS.
Non pas autrement... mais....
LA COMTESSE.
Q'est-ce à dire? comment?...
Parlez.

ACTE II, SCÈNE IV.

LE MARQUIS.

Je ne sais point prendre en main des trompettes,
Pour publier par-tout les faveurs qu'on m'a faites.

ANGÉLIQUE.

Eh, ma sœur !

NÉRINE.

Des faveurs !

LE MARQUIS.

Suffit, je suis discret,
Et sais, quand il le faut, oublier un secret.

LA COMTESSE.

On ne connoît que trop ma retenue austère.
Il veut rire.

LE MARQUIS.

Ah ! parbleu, je saurai de Valère
Quel est, en vous aimant, le but de ses désirs,
Et de quel droit il vient chasser sur mes plaisirs.

SCÈNE V.

ANGÉLIQUE, LA COMTESSE, LE MARQUIS
NÉRINE, UN LAQUAIS.

LE LAQUAIS, *rendant un billet au marquis.*
Monsieur, c'est de la part de la grosse comtesse.

LE MARQUIS, *le mettant dans sa poche.*
Je le lirai tantôt.

(*Le laquais sort.*)

SCÈNE VI.

ANGÉLIQUE, LA COMTESSE, LE MARQUIS, NÉRINE, UN SECOND LAQUAIS.

LE SECOND LAQUAIS.

Cette jeune duchesse
Vous attend à vingt pas pour vous mener au jeu.

LE MARQUIS.

Qu'elle attende.

(Le second laquais sort.)

SCÈNE VII.

ANGÉLIQUE, LA COMTESSE, LE MARQUIS, NÉRINE, UN TROISIÈME LAQUAIS.

LE TROISIÈME LAQUAIS.

Monsieur...

LE MARQUIS.

Encore ! ah ! palsambleu,
Il faut que de la ville enfin je me dérobe.

LE TROISIÈME LAQUAIS.

Je viens de voir, monsieur, cette femme de robe,
Qui dit que cette nuit son mari couche aux champs,
Et que ce soir, sans bruit...

LE MARQUIS.

Il suffit, je t'entends :
Tu prendras ce manteau fait pour bonne fortune,
De couleur de muraille ; et tantôt, sur la brune,
Va m'attendre en secret où tu fus avant-hier.
Là..

ACTE II, SCÈNE VII.

LE TROISIÈME LAQUAIS.

Je sais.

(*Il sort.*)

SCÈNE VIII.

ANGÉLIQUE, LA COMTESSE, LE MARQUIS, NÉRINE.

LE MARQUIS.

Il faudroit avoir un corps de fer
Pour résister à tout. J'ai de l'ouvrage à faire,
Comme vous le voyez ; mais je m'en veux distraire.
(*à la comtesse.*)
Vous serez désormais tous mes soins les plus doux.

LA COMTESSE.

Si mon cœur étoit libre, il pourroit être à vous.

LE MARQUIS.

Adieu, charmant objet : à regret je vous quitte.
C'est un pesant fardeau d'avoir un gros mérite.

SCÈNE IX.

LA COMTESSE, ANGÉLIQUE, NÉRINE.

NÉRINE, *à la comtesse.*

Cet homme-là vous aime épouvantablement.

ANGÉLIQUE, *à la comtesse.*

Je ne vous croyois pas un tel engagement.

LA COMTESSE.

Il est vif.

ANGÉLIQUE.

Il vous aime ; et son ardeur est belle.

LA COMTESSE.

L'amour qu'il a pour moi lui tourne la cervelle ;
Il ne m'a pourtant vue encore que deux fois.

NÉRINE.

Il en a donc bien fait la première...

SCÈNE X.

VALÈRE, LA COMTESSE, ANGÉLIQUE, NÉRINE.

NÉRINE.

Je crois
Voir Valère.

LA COMTESSE.

L'amour auprès de moi le guide.

NÉRINE.

Il tremble en approchant.

LA COMTESSE.

J'aime un amant timide,

(à Valère.)

Cela marque un bon fonds. Approchez, approchez ;
Ouvrez de votre cœur les sentiments cachés.

(à Angélique.)

Vous allez voir, ma sœur.

VALÈRE, *à la comtesse.*

Ah ! quel bonheur, mada
Que vous me permettiez d'ouvrir toute mon ame !

(à Angélique.)

Et quel plaisir de dire, en des transports si doux,
Que mon cœur vous adore, et n'adore que vous !

LA COMTESSE.

L'amour le trouble. Eh quoi ! que faites-vous, Valère

VALÈRE.

Ce que vous-même ici m'avez permis de faire.

NÉRINE, à part.

Voici du quiproquo.

VALÈRE, à Angélique.

Que je serois heureux
S'il vous plaisoit encor de recevoir mes vœux !

LA COMTESSE, à Valère.

Vous vous méprenez.

VALÈRE, à la comtesse.

Non. Enfin, belle Angélique,
Entre mon oncle et moi que votre cœur s'explique ;
Le mien est tout à vous, et jamais dans un cœur...

LA COMTESSE.

Angélique !

VALÈRE.

On ne vit une plus noble ardeur.

LA COMTESSE.

Ce n'est donc pas pour moi que votre cœur soupire

VALÈRE.

Madame, en ce moment je n'ai rien à vous dire.
Regardez votre sœur ; et jugez si ses yeux
Ont laissé dans mon cœur de place à d'autres feux.

LA COMTESSE.

Quoi ! d'aucun feu pour moi votre ame n'est éprise ?

VALÈRE.

Quelques civilités que l'usage autorise...

LA COMTESSE.

Comment ?

ANGÉLIQUE.

Il ne faut pas avec sévérité
Exiger des amants trop de sincérité.

Ma sœur, tout doucement avalez la pilule.
LA COMTESSE.
Taisez-vous, s'il vous plaît, petite ridicule.
VALÈRE, à la comtesse.
Vous avez cent vertus, de l'esprit, de l'éclat ;
Vous êtes belle, riche, et...
LA COMTESSE.
     Vous êtes un fat.
ANGÉLIQUE.
La modération, qui fut votre partage,
Vous ne la mettez pas, ma sœur, trop en usage.
LA COMTESSE.
Monsieur vaut-il le soin qu'on se mette en courroux ?
C'est un extravagant ; il est tout fait pour vous.
        (*Elle sort.*)

SCÈNE XI.

VALÈRE, ANGÉLIQUE, NERINE.

NÉRINE, à part.
Elle connoît ses gens.
VALÈRE
    Oui, pour vous je soupire,
Et je voudrois avoir cent bouches pour le dire.
NÉRINE, bas, à Angélique.
Allons, madame, allons, ferme, voici le choc :
Point de foiblesse, au moins : ayez un cœur de roc.
ANGÉLIQUE, bas, à Nérine.
Ne m'abandonne point.
NÉRINE, bas, à Angélique.
     Non, non ; laissez-moi faire.

ACTE II, SCÈNE XI.

VALÈRE.

Mais que me sert, hélas ! que mon cœur vous préfère ?
Que sert à mon amour un si sincère aveu ?
Vous ne m'écoutez point, vous dédaignez mon feu ;
De vos beaux yeux pourtant, cruelle, il est l'ouvrage.
Je sais qu'à vos beautés c'est faire un dur outrage
De nourrir dans mon cœur des désirs partagés ;
Que la fureur du jeu se mêle où vous régnez ;
Mais...

ANGÉLIQUE.

Cette passion est trop forte en votre ame
Pour croire que l'amour d'aucun feu vous enflamme :
Suivez, suivez l'ardeur de vos emportements ;
Mon cœur n'en aura point de jaloux sentiments.

NÉRINE, *bas, à Angélique.*

Optima.

VALÈRE.

Désormais, plein de votre tendresse,
Nulle autre passion n'a rien qui m'intéresse !
Tout ce qui n'est point vous me paroît odieux.

ANGÉLIQUE, *d'un ton plus tendre.*

Non, ne vous présentez jamais devant mes yeux.

NÉRINE, *bas, à Angélique.*

Vous mollissez.

VALÈRE.

Jamais ! quelle rigueur extrême !
Jamais ! Ah ! que ce mot est cruel quand on aime !
Eh quoi ! rien ne pourra fléchir votre courroux ?
Vous voulez donc me voir mourir à vos genoux ?

ANGÉLIQUE.

Je prends peu d'intérêt, monsieur, à votre vie.

NÉRINE, *bas*, *à Angélique.*
Nous allons bientôt voir jouer la comédie...
VALÈRE.
Ma mort sera l'effet de mon cruel dépit.
NÉRINE, *bas*, *à Angélique.*
Qu'un amant mort pour nous nous mettroit en crédit !
VALÈRE.
Vous le voulez ? Eh bien ! il faut vous satisfaire,
Cruelle ! il faut mourir.
(*Il veut tirer son épée.*)
ANGÉLIQUE, *l'arrêtant.*
Que faites-vous, Valère ?
NÉRINE, *bas*, *à Angélique.*
Eh bien ! ne voilà pas votre tendre maudit
Qui vous prend à la gorge ! Euh !
ANGÉLIQUE, *bas*, *à Nérine.*
Tu ne m'as pas dit,
Nérine, qu'il viendroit se percer à ma vue ;
Et je tremble de peur quand une épée est nue.
NÉRINE, *à part.*
Que les amants sont sots !
VALÈRE.
Puisqu'un soin généreux
Vous intéresse encore aux jours d'un malheureux,
Non, ce n'est point assez de me rendre la vie ;
Il faut que par l'amour désarmée, attendrie,
Vous me rendiez encor ce cœur si précieux,
Ce cœur sans qui le jour me devient odieux.
ANGÉLIQUE, *bas*, *à Nérine.*
Nérine, qu'en dis-tu ?
NÉRINE, *bas*, *à Angélique.*
Je dis qu'en la mêlée

ACTE II, SCÈNE XI.

Vous avez moins de cœur qu'une poule mouillée.

VALÈRE.

Madame, au nom des dieux, au nom de vos attraits...

ANGÉLIQUE.

Vous me promettiez...

VALÈRE.

Oui, je vous le promets,
Que la fureur du jeu sortira de mon ame,
Et que j'aurai pour vous la plus ardente flamme...

NÉRINE, *à part.*

Pour faire des serments il est toujours tout prêt.

ANGÉLIQUE.

Il faut encore, ingrat, vouloir ce qu'il vous plaît.
Oui, je vous rends mon cœur.

VALÈRE, *baisant la main d'Angélique.*

Ah! quelle joie extrême!

ANGÉLIQUE.

Et, pour vous faire voir à quel point je vous aime,
Je joins à ce présent celui de mon portrait.

(*Elle lui donne son portrait enrichi de diamants.*)

NÉRINE, *à part.*

Hélas! de mes sermons voilà quel est l'effet!

VALÈRE.

Quel excès de faveurs!

ANGÉLIQUE.

Gardez-le, je vous prie.

VALÈRE, *le baisant.*

Que je le garde, ô ciel! le reste de ma vie...
Que dis-je? je prétends que ce portrait si beau
Soit mis avecque moi dans le même tombeau,
Et que même la mort jamais ne nous sépare.

LE JOUEUR.

NÉRINE, *à part.*

Que l'esprit d'une fille est changeant et bizarre!

ANGÉLIQUE.

Ne me trompez donc plus, Valère; et que mon cœur
Ne se repente point de sa facile ardeur.

VALÈRE.

Fiez-vous aux sermens de mon ame amoureuse.

NÉRINE, *à part.*

Ah! que voilà pour l'oncle une époque fâcheuse!

SCÈNE XII.

VALÈRE.

Est-il dans l'univers de mortel plus heureux?
Elle me rend son cœur; elle comble mes vœux,
M'accable de faveurs...

SCÈNE XIII.

VALÈRE, HECTOR.

HECTOR.

Monsieur, je viens vous dire...

VALÈRE.

Je suis tout transporté. Vois, considère, admire;
Angélique m'a fait ce généreux présent.

HECTOR.

Que les brillants sont gros! Pour être plus content
Je vous amène encore un lénitif de bourse,
Une usurière.

VALÈRE.

Et qui?

HECTOR.

Madame la Ressource

SCÈNE XIV,

MME LA RESSOURCE, VALÈRE, HECTOR.

VALÈRE, *embrassant madame la Ressource,*
Hé! bon jour, mon enfant: tu ne peux concevoir
Jusqu'où va dans mon cœur le plaisir de te voir,

MADAME LA RESSOURCE,
Je vous suis obligée on ne peut davantage.

HECTOR.
Elle est jolie encor. Mais quel sombre équipage?
Vous voilà, sans mentir, aussi noire qu'un four.

VALÈRE.
Ne vois-tu pas, Hector, que c'est un deuil de cour?

MADAME LA RESSOURCE.
Oh! monsieur, point du tout. Je suis une bourgeoise
Qui sais me mesurer justement à ma toise.
J'en connois bien pourtant, qui ne me valent pas,
Qui se font teindre en noir du haut jusques en bas :
Mais pour moi, je n'ai point cette sotte manie;
Et si mon pauvre époux étoit encore en vie...
(*Elle pleure.*)

VALÈRE.
Quoi! monsieur la Ressource est mort?

MADAME LA RESSOURCE.
                                    Subitement

HECTOR, *pleurant.*
Subitement? Hélas! j'en suis fâché vraiment.
(*bas, à Valère.*)
Au fait

VALÈRE.

J'aurois besoin, madame la Ressource,
De mille écus.

MADAME LA RESSOURCE.

Monsieur, disposez de ma bourse.

VALÈRE.

Je fais, bien entendu, mon billet au porteur.

HECTOR.

Et je veux l'endosser.

MADAME LA RESSOURCE.

Avec les gens d'honneur
On ne perd jamais rien.

VALÈRE.

Je veux que tu le prennes.
Nous faisons ici-bas des routes incertaines;
Je pourrois bien mourir. Ce maraud m'avoit dit
Que sur des gages sûrs tu prêtois à crédit.

MADAME LA RESSOURCE.

Sur des gages, monsieur? c'est une médisance;
Je sais que ce seroit blesser ma conscience.
Pour des nantissements qui valent bien leur prix,
De la vieille vaisselle au poinçon de Paris,
Des diamants usés, et qu'on ne sauroit vendre,
Sans risquer mon honneur, je crois que j'en puis prendre.

VALÈRE.

Je n'ai, pour te donner, vaisselle ni bijoux.

HECTOR.

Oh! parbleu, nous marchons sans crainte des filous.

MADAME LA RESSOURCE.

Eh bien! nous attendrons, monsieur, qu'il vous en vienne.

VALÈRE.

Compte, ma pauvre enfant, que ma mort est certaine

Si je n'ai dans ce jour mille écus.
MADAME LA RESSOURCE.
Ah, monsieur !
Je voudrois les avoir, ce seroit de grand cœur.
VALÈRE.
Ma charmante, mon cœur, ma reine, mon aimable,
Ma belle, ma mignonne, et ma toute adorable.
HECTOR, à genoux.
Par pitié.
MADAME LA RESSOURCE.
Je ne puis.
HECTOR.
Ah ! que nous sommes fous !
Tous ces gens-là, monsieur, ont des cœurs de cailloux.
Sans des nantissements il ne faut rien prétendre.
VALÈRE.
Dis-moi donc, si tu veux, où je les pourrai prendre.
HECTOR.
Attendez... Mais comment, avec un cœur d'airain,
Refuser un billet endossé de ma main ?
VALÈRE.
Mais vois donc.
HECTOR.
Laissez-moi, je cherche en ma boutique.
VALÈRE, bas, à Hector.
Écoute... Nous avons le portrait d'Angélique.
Dans le temps difficile il faut un peu s'aider.
HECTOR, bas, à Valère.
Ah ! que dites-vous là ? vous devez le garder.
VALÈRE, bas, à Hector.
D'accord ; honnêtement je ne puis m'en défaire

MADAME LA RESSOURCE.
Adieu. Quelque autre fois nous finirons l'affaire.
VALÈRE, à madame la Ressource.
(bas, à Hector.)
Attendez donc. Tu sais jusqu'où vont mes besoins.
N'ayant pas son portrait, l'en aimerai-je moins ?
HECTOR, bas, à Valère.
Fort bien. Mais voulez-vous que cette perfidie...
VALÈRE, bas, à Hector.
Il est vrai. J'ai tantôt cette grosse partie
De ces joueurs en fonds qui doivent s'assembler.
MADAME LA RESSOURCE.
Adieu.
VALÈRE, à madame la Ressource.
Demeurez donc : où voulez-vous aller ?
(bas, à Hector.)
Je ferai de l'argent ; ou celui de mon père,
Quoi qu'il puisse arriver, nous tirera d'affaire.
HECTOR, bas, à Valère.
Que peut dire Angélique alors qu'elle apprendra
Que de son cher portrait...
VALÈRE, bas, à Hector.
Et qui le lui dira ?
Dans une heure au plus tard nous irons le reprendre.
HECTOR, bas, à Valère.
Dans une heure ?
VALÈRE, bas, à Hector.
Oui, vraiment.
HECTOR, bas, à Valère.
Je commence à me rendre.
VALÈRE, bas, à Hector.
Je me mettrois en gage en mon besoin urgent.

ACTE II, SCÈNE XI.

HECTOR, *bas, à Valère, le considérant.*
Sur cette nippe-là vous auriez peu d'argent.
VALÈRE, *bas, à Hector.*
On ne perd pas toujours : je gagnerai sans doute.
HECTOR, *bas, à Valère.*
Votre raisonnement met le mien en déroute.
Je sais que ce micmac ne vaut rien dans le fond.
VALÈRE, *bas, à Hector.*
Je m'en tirerai bien, Hector, je t'en répond.
(*à madame la Ressource, montrant le portrait
d'Angélique.*)
Peut-on sur ce bijou, sans trop de complaisance...
MADAME LA RESSOURCE.
Oui, je puis maintenant prêter en conscience :
Je vois des diamants qui répondent du prêt,
Et qui peuvent porter un modeste intérêt.
Voilà les mille écus comptés dans cette bourse.
VALÈRE.
Je vous suis obligé, madame la Ressource.
Au moins ne manquez pas de revenir tantôt ;
Je prétends retirer mon portrait au plus tôt.
MADAME LA RESSOURCE.
Volontiers. Nous aimons à changer de la sorte :
Plus notre argent fatigue, et plus il nous rapporte.
Adieu, messieurs. Je suis toute à vous à ce prix.
(*Elle sort.*)
HECTOR, *à madame la Ressource.*
Adieu Juif, le plus Juif qui soit dans tout Paris.

SCÈNE XV.
VALÈRE, HECTOR.

HECTOR.
Vous faites là, monsieur, une action inique.
VALÈRE.
Aux maux désespérés il faut de l'émétique :
Et cet argent, offert par les mains de l'amour,
Me dit que la fortune est pour moi dans ce jour.

FIN DU SECOND ACTE.

ACTE TROISIÈME.

SCÈNE I.

DORANTE, NÉRINE.

DORANTE.

Quel est donc le sujet pourquoi ton cœur soupire ?
NÉRINE.
Nous n'avons pas, monsieur, tous deux sujet de rire.
DORANTE.
Dis-moi donc, si tu veux, le sujet de tes pleurs.
NÉRINE.
Il faut aller, monsieur, chercher fortune ailleurs
DORANTE.
Chercher fortune ailleurs ? As-tu fait quelque pièce
Qui t'auroit fait sitôt chasser de ta maîtresse ?
NÉRINE, *pleurant plus fort.*
Non : c'est de votre sort dont j'ai compassion ;
Et c'est à vous d'aller chercher condition.
DORANTE.
Que dis-tu ?
NÉRINE.
Qu'Angélique est une ame légère,
Et s'est mieux que jamais rengagée à Valère.
DORANTE.
Quoique pour mon amour ce coup soit assommant,

Je ne suis point surpris d'un pareil changement.
Je sais que cet amant tout entière l'occupe :
De ses ardeurs pour moi je ne suis point la dupe ;
Et, lorsque de ses feux je sens quelque retour,
Je dois tout au dépit, et rien à son amour.
Je ne veux point, Nérine, éclater en injures,
Ni rappeler ici ses serments, ses parjures ;
Ainsi que mon amour, je calme mon courroux.

NÉRINE.

Si vous saviez, monsieur, ce que j'ai fait pour vous !

DORANTE.

Tiens, reçois cette bague ; et dis à ta maîtresse
Que, malgré ses dédains, elle aura ma tendresse,
Et que la voir heureuse est mon plus grand bonheur.

NÉRINE, *prenant la bague en pleurant.*

Ah ! ah ! je n'en puis plus ; vous me fendez le cœur.

SCÈNE II.

GÉRONTE, HECTOR, DORANTE, NÉRINE.

HECTOR, *à Géronte.*

Oui, monsieur, Angélique épousera Valère :
Ils ont signé la paix.

GÉRONTE, *à Hector.*

(*à Dorante.*)
Tant mieux. Bon jour, mon frère.
Qu'est-ce? Eh bien? Qu'avez-vous? Vous êtes tout changé !
Allons, gai. Vous a-t-on donné votre congé ?

DORANTE.

Vous êtes bien instruit des chagrins qu'on me donne !
On ne me verra point violenter personne ;

Et quand je perds un cœur qui cherche à s'éloigner,
Mon frère, je prétends moins perdre que gagner.

GÉRONTE.

Voilà les sentiments d'un héros de Cassandre.
Entre nous, vous aviez fort grand tort de prétendre
Que sur votre neveu vous pussiez l'emporter.

DORANTE.

Non, je ne sus jamais jusque-là me flatter.
La jeunesse toujours eut des droits sur les belles :
L'amour est un enfant qui badine avec elles ;
Et quand, à certain âge, on veut se faire aimer,
C'est un soin indiscret qu'on devroit réprimer.

GÉRONTE.

Je suis, en vérité, ravi de vous entendre ;
Et vous prenez la chose ainsi qu'il la faut prendre.

NÉRINE.

Si l'on m'en avoit cru, tout n'en iroit que mieux.

DORANTE.

Ma présence est assez inutile en ces lieux.
Je vais de mon amour tâcher à me défaire.

(*Il sort.*)

GÉRONTE.

Allez, consolez-vous ; c'est fort bien fait, mon frère.
Adieu.

SCÈNE III.

GÉRONTE, NÉRINE, HECTOR.

GÉRONTE.

Le pauvre enfant ! Son sort me fait pitié.

NÉRINE, *s'en allant.*

J'en ai le cœur saisi.

HECTOR.

Moi, j'en pleure à moitié.

Le pauvre homme !

SCÈNE IV.

GÉRONTE, HECTOR.

HECTOR, *tirant un papier roulé avec plusieurs autres papiers.*

Voilà, monsieur, un petit rôle
Des dettes de mon maître. Il vous tient sa parole,
Comme vous le voyez, et croit qu'en tout ceci
Vous voudrez bien, monsieur, tenir la vôtre aussi.

GÉRONTE.

Çà, voyons, expédie au plus tôt ton affaire.

HECTOR.

J'aurai fait en deux mots. L'honnête homme de père !
Ah ! qu'à notre secours à propos vous venez !
Encore un jour plus tard, nous étions ruinés.

GÉRONTE.

Je le crois.

HECTOR.

N'allez pas sur les points vous débattre ;
Foi d'honnête garçon, je n'en puis rien rabattre :
Les choses sont, monsieur, tout au plus juste prix :
De plus, je vous promets que je n'ai rien omis.

GÉRONTE.

Finis donc.

HECTOR.

Il faut bien se mettre sur ses gardes.
« Mémoire juste et bref de nos dettes criardes,

ACTE III, SCENE IV.

« Que Mathurin Géronte auroit tantôt promis,
« Et promet maintenant de payer pour son fils. »

GÉRONTE.

Que je les paie, ou non, ce n'est pas ton affaire.
Lis toujours.

HECTOR.

C'est, monsieur, ce que je m'en vais faire.
« *Item*, doit à Richard cinq cents livres dix sous,
« Pour gages de cinq ans, frais, mises, loyaux coûts. »

GÉRONTE.

Quel est ce Richard ?

HECTOR.

Moi, fort à votre service.
Ce nom n'étant point fait du tout à la propice
D'un valet de joueur, je me suis de nouveau
Donné celui d'Hector, du valet de carreau.

GÉRONTE.

Le beau nom !

HECTOR.

C'est un nom d'une nouvelle espèce,
Qui part de mon esprit, fécond en gentillesse.
« Secondement, il doit à Jérémie Aaron,
« Usurier de métier, juif de religion.

GÉRONTE.

Tout beau, n'embrouillons point, s'il vous plaît, les affaires,
Je ne veux point payer les dettes usuraires.

HECTOR.

Eh bien ! soit. « Plus, il doit à maints particuliers,
« Ou quidams, dont les noms, qualités et métiers
« Sont décrits plus au long avecque les parties
« És assignations, dont je tiens les copies,
« Dont tous lesdits quidams, ou du moins peu s'en faut,

« Ont obtenu déjà sentence par défaut,
« La somme de dix mille une livre, une obole,
« Pour l'avoir, sans relâche, un an, sur sa parole,
« Habillé, voituré, coiffé, chaussé, ganté,
« Alimenté, rasé, désaltéré, porté. »

GÉRONTE, *faisant sauter les papiers que tient Hector.*

Désaltéré, porté ! Que le diable t'emporte,
Et ton maudit mémoire écrit de telle sorte !

HECTOR, *après avoir ramassé les papiers.*

Si vous ne m'en croyez, demain, pour vous trouver,
J'enverrai les quidams tous à votre lever.

GÉRONTE.

La belle cour !

HECTOR.

  « De plus, à madame une telle,
« Pour certaine maison que nous occupons d'elle,
« Sise vers le rempart, deux cent cinquante écus,
« Pour parfait paiement de cinq quartiers échus. »

GÉRONTE.

Quelle est cette maison ?

HECTOR.

  Monsieur, c'est un asile
Où nous nous retirons du fracas de la ville ;
Où mon maître la nuit, pour noyer son chagrin,
Fait entrer, sans payer, quelques quartauts de vin.

GÉRONTE.

Et tu prétends, bourreau...?

HECTOR, *tournant le rôle.*

  Monsieur, point d'invectives
Voici le contenu de nos dettes actives ;

ACTE III, SCÈNE IV.

Et vous allez bien voir que le compte suivant,
Payé fidèlement, se monte à presque autant.

GÉRONTE.

Voyons.

HECTOR.

« Premièrement, Isaac de La Serre... »
Il est connu de vous.

GÉRONTE.

Et de toute la terre :
C'est ce négociant, ce banquier si fameux.

HECTOR.

Nous ne vous donnons pas de ces effets verreux,
Cela sent comme baume. Or donc ce de La Serre,
Si bien connu de vous et de toute la terre,
Ne nous doit rien.

GÉRONTE.

Comment !

HECTOR.

Mais un de ses parents,
Mort aux champs de Fleurus, nous doit dix mille francs.

GÉRONTE.

Voilà certainement un effet fort bizarre !

HECTOR.

Oh ! s'il n'étoit pas mort, c'étoit de l'or en barre !
« Plus, à mon maître est dû, du chevalier Fijac,
Les droits hypothéqués sur un tour de trictrac. »

GÉRONTE.

Que dis-tu ?

HECTOR.

La partie est de deux cents pistoles :
C'est une dupe ; il fait en un tour vingt écoles ;
Il ne faut plus qu'un coup.

GÉRONTE, *lui donnant un soufflet.*

Tiens, maraud, le voilà,
Pour m'offrir un mémoire égal à celui-là.
Va porter cet argent à celui qui t'envoie.

HECTOR.

Il ne voudra jamais prendre cette monnoie.

GÉRONTE.

Impertinent maraud ! va, je t'apprendrai bien,
Avecque ton trictrac...

HECTOR.

Il a dix trous à rien.

SCÈNE V.

HECTOR.

Sa main est à frapper, non à donner, légère ;
Et mon maître a bien fait de faire ailleurs affaire.

SCÈNE VI.

VALÈRE, HECTOR.

Valère entre en comptant beaucoup d'argent dans son chapeau.

HECTOR, *à part.*

Mais le voici qui vient poussé d'un heureux vent :
Il a les yeux sereins et l'accueil avenant.

(*haut.*)

Par votre ordre, monsieur, j'ai vu monsieur Géronte,
Qui de notre mémoire a fait fort peu de compte :
Sa monnoie est frappée avec un vilain coin ;
Et de pareil argent nous n'avons pas besoin.
J'ai vu, chemin faisant, aussi monsieur Dorante :

ACTE III, SCÈNE VI.

Morbleu, qu'il est fâché !

VALÈRE, *comptant toujours.*

Mille deux cent cinquante.

HECTOR, *à part.*

La flotte est arrivée avec les galions :
Cela va diablement hausser nos actions.

(*haut.*)

J'ai vu pareillement, par votre ordre, Angélique ;
Elle m'a dit...

VALÈRE, *frappant du pied.*

Morbleu ! ce dernier coup me pique ;
Sans les cruels revers de deux coups inouis,
J'aurois encor gagné plus de deux cents louis.

HECTOR.

Cette fille, monsieur, de votre amour est folle.

VALÈRE.

Damon m'en doit encor deux cents sur sa parole.

HECTOR, *le tirant par la manche.*

Monsieur, écoutez-moi ; calmez un peu vos sens :
Je parle d'Angélique, et depuis fort long-temps.

VALÈRE, *avec distraction.*

Ah ! d'Angélique. Eh bien ! comment suis-je avec elle ?

HECTOR.

On n'y peut être mieux. Ah ! monsieur ! qu'elle est belle !
Et que j'ai de plaisir à vous voir raccroché !

VALÈRE, *avec distraction.*

A te dire le vrai, je n'en suis pas fâché.

HECTOR.

Comment ! quelle froideur s'empare de votre ame !
Quelle glace ! Tantôt vous étiez tout de flamme.
Ai-je tort, quand je dis que l'argent de retour

LE JOUEUR.

Vous fait faire toujours banqueroute à l'amour ?
Vous vous sentez en fonds, *ergo* plus de maîtresse.

VALÈRE.

Ah ! juge mieux, Hector, de l'amour qui me presse.
J'aime autant que jamais ; mais sur ma passion
J'ai fait, en te quittant, quelque réflexion.
Je ne suis point du tout né pour le mariage :
Des parents, des enfants, une femme, un ménage ;
Tout cela me fait peur. J'aime la liberté.

HECTOR.

Et le libertinage.

VALÈRE.

Hector, en vérité,
Il n'est point dans le monde un état plus aimable
Que celui d'un joueur : sa vie est agréable ;
Ses jours sont enchaînés par des plaisirs nouveaux :
Comédie, opéra, bonne chère, cadeaux ;
Il traîne en tous les lieux la joie et l'abondance ;
On voit régner sur lui l'air de magnificence,
Tabatières, bijoux : sa poche est un trésor ;
Sous ses heureuses mains le cuivre devient or.

HECTOR.

Et l'or devient à rien.

VALÈRE.

Chaque jour mille belles
Lui font la cour par lettre, et l'invitent chez elles :
La porte, à son aspect, s'ouvre à deux grands battants ;
Là, vous trouvez toujours des gens divertissants,
Des femmes qui jamais n'ont pu fermer la bouche,
Et qui sur le prochain vous tirent à cartouche,
Des oisifs de métier, et qui toujours sur eux
Portent de tout Paris le lardon scandaleux,

ACTE III, SCÈNE VI.

Des Lucréces du temps, là, de ces filles veuves
Qui veulent imposer et se donner pour neuves,
De vieux seigneurs toujours prêts à vous cajoler,
Des plaisants qui font rire avant que de parler.
Plus agréablement peut-on passer la vie ?

HECTOR.

D'accord. Mais quand on perd, tout cela vous ennuie.

VALÈRE.

Le jeu rassemble tout ; il unit à la fois
Le turbulent marquis, le paisible bourgeois :
La femme du banquier, dorée et triomphante,
Coupe orgueilleusement la duchesse indigente.
Là, sans distinction, on voit aller de pair
Le laquais d'un commis avec un duc et pair ;
Et, quoi qu'un sort jaloux nous ait fait d'injustices,
De sa naissance ainsi l'on venge les caprices.

HECTOR.

A ce qu'on peut juger de ce discours charmant,
Vous voilà donc en grace avec l'argent comptant.
Tant mieux. Pour se conduire en bonne politique,
Il faudroit retirer le portrait d'Angélique.

VALÈRE.

Nous verrons.

HECTOR.

Vous savez...

VALÈRE.

Je dois jouer tantôt.

HECTOR.

Tirez-en mille écus.

VALÈRE.

Oh ! non ; c'est un dépôt...

HECTOR.
Pour mettre quelque chose à l'abri des orages,
S'il vous plaisoit du moins de me payer mes gages ?

VALÈRE.
Quoi ! je te dois ?

HECTOR.
Depuis que je suis avec vous,
Je n'ai pas, en cinq ans, encor reçu cinq sous.

VALÈRE.
Mon père te paiera ; l'article est au mémoire.

HECTOR.
Votre père ? Ah ! monsieur, c'est une mer à boire ;
Son argent n'a point cours, quoiqu'il soit bien de poids.

VALÈRE.
Va, j'examinerai ton compte une autre fois.
J'entends venir quelqu'un.

HECTOR.
Je vois votre sellière :
Elle a flairé l'argent.

VALÈRE, *mettant promptement son argent dans sa poche.*
Il faut nous en défaire.

HECTOR.
Et monsieur Galonier votre honnête tailleur.

VALÈRE.
Quel contre-temps !

SCÈNE VII.

Mme ADAM, M. GALONIER, VALÈRE, HECTOR.

VALÈRE.

Je suis votre humble serviteur.
Bon jour, madame Adam. Quelle joie est la mienne !
Vous voir ! c'est du plus loin, parbleu, qu'il me souvienne.

MADAME ADAM.

Je viens pourtant ici souvent faire ma cour ;
Mais vous jouez la nuit, et vous dormez le jour.

VALÈRE.

C'est pour cette calèche à velours à ramage ?

MADAME ADAM.

Oui, s'il vous plaît.

VALÈRE.

Je suis fort content de l'ouvrage ;
(*bas, à Hector.*)
Il faut vous le payer... Songe par quel moyen
Tu pourras me tirer de ce triste entretien.
(*haut.*)
Vous, monsieur Galonier, quel sujet vous amène ?

M. GALONIER.

Je viens vous demander...

HECTOR, *à M. Galonier.*

Vous prenez trop de peine.

M. GALONIER, *à Valère.*

Vous...

HECTOR, *à M. Galonier.*

Vous faites toujours mes habits trop étroits.

M. GALONIER, *à Valère.*

Si...

HECTOR, *à M. Galonier.*

Ma culotte s'use en deux ou trois endroits.

M. GALONIER, *à Valère.*

Je...

HECTOR, *à M. Galonier.*

Vous cousez si mal...

MADAME ADAM.

Nous marions ma fille.

VALÈRE.

Quoi ! vous la mariez ? Elle est vive et gentille ;
Et son époux futur doit en être content.

MADAME ADAM.

Nous aurions grand besoin d'un peu d'argent comptant.

VALÈRE.

Je veux, madame Adam, mourir à votre vue,
Si j'ai...

MADAME ADAM.

Depuis long-temps cette somme m'est due.

VALÈRE.

Que je sois un maraud, déshonoré cent fois,
Si l'on m'a vu toucher un sou depuis six mois.

HECTOR.

Oui, nous avons tous deux, par piété profonde,
Fait vœu de pauvreté : nous renonçons au monde.

M. GALONIER.

Que votre cœur pour moi se laisse un peu toucher !
Notre femme est, monsieur, sur le point d'accoucher.
Donnez-moi cent écus sur et tant moins de dettes.

ACTE III, SCÈNE VII.

HECTOR, *à M. Galonier.*

Et de quoi diable aussi, du métier dont vous êtes,
Vous avisez-vous là de faire des enfants ?
Faites-moi des habits.

M. GALONIER.

Seulement deux cents francs.

VALÈRE.

Et mais... si j'en avois... comptez que dans la vie
Personne de payer n'eut jamais tant d'envie.
Demandez...

HECTOR.

S'il avoit quelques deniers comptants,
Ne me paieroit-il pas mes gages de cinq ans ?
Votre dette n'est pas meilleure que la mienne.

MADAME ADAM.

Mais quand faudra-t-il donc, monsieur, que je revienne ?

VALÈRE.

Mais... quand il vous plaira... dès demain ; que sait-on ?

HECTOR.

Je vous avertirai, quand il y fera bon.

M. GALONIER.

Pour moi, je ne sors pas d'ici qu'on ne m'en chasse.

HECTOR, *à part.*

Non, je ne vis jamais d'animal si tenace.

VALÈRE.

Écoutez, je vous dis un secret, qui, je croi,
Vous plaira dans la suite autant et plus qu'à moi :
Je vais me marier tout-à-fait ; et mon père
Avec mes créanciers doit me tirer d'affaire.

HECTOR.

Pour le coup..

MADAME ADAM.

Il me faut de l'argent cependant.

HECTOR.

Cette raison vaut mieux que de l'argent comptant.
Montrez-nous les talons.

M. GALONIER.

Monsieur, ce mariage
Se fera-t-il bientôt ?

HECTOR.

Tout au plus tôt. J'enrage.

MADAME ADAM.

Sera-ce dans ce jour ?

HECTOR.

Nous l'espérons. Adieu.
Sortez. Nous attendons la future en ce lieu ;
Si l'on vous trouve ici, vous gâterez l'affaire.

MADAME ADAM.

Vous me promettez donc...

HECTOR.

Allez, laissez-moi faire.

MADAME ADAM, et M. GALONIER, *ensemble*.

Mais, monsieur...

HECTOR, *les mettant dehors*.

Que de bruit ! Oh ! parbleu, détalez

SCÈNE VIII.

VALÈRE, HECTOR.

HECTOR, *riant*.

Voilà des créanciers assez bien régalés.
Vous devriez pourtant, en fonds comme vous êtes...

ACTE III, SCÈNE VIII.
VALÈRE.
Rien ne porte malheur comme payer ses dettes.
HECTOR.
Ah ! je ne dois donc plus m'étonner désormais
Si tant d'honnêtes gens ne les payent jamais.

SCÈNE IX.

LE MARQUIS, VALÈRE, HECTOR,
TROIS LAQUAIS.

HECTOR.
Mais voici le marquis, ce héros de tendresse.
VALÈRE.
C'est là le soupirant ?
HECTOR.
Oui, de notre comtesse.
LE MARQUIS, *vers la coulisse.*
Que ma chaise se tienne à deux cents pas d'ici.
Et vous, mes trois laquais, éloignez-vous aussi ;
Je suis *incognito*.

(*Les laquais sortent.*)

SCÈNE X.

LE MARQUIS, VALÈRE, HECTOR.

HECTOR, *à Valère.*
Que prétend-il donc faire ?
LE MARQUIS, *à Valère.*
N'est-ce pas vous, monsieur, qui vous nommez Valère ?
VALÈRE.
Oui, monsieur ; c'est ainsi qu'on m'a toujours nommé.

LE JOUEUR.

LE MARQUIS.

Jusques au fond du cœur j'en suis parbleu charmé.
Faites que ce valet à l'écart se retire.

VALÈRE, *à Hector.*

Va-t'en.

HECTOR.

Monsieur...

VALÈRE.

Va-t'en : faut-il te le redire ?

SCÈNE XI.
LE MARQUIS, VALÈRE.

LE MARQUIS.

Savez-vous qui je suis ?

VALÈRE.

Je n'ai pas cet honneur.

LE MARQUIS, *à part.*

Courage ; allons, marquis, montre de la vigueur :
(*bas.*)   (*haut.*)
Il craint. Je suis pourtant fort connu dans la ville ;
Et, si vous l'ignorez, sachez que je faufile
Avec ducs, archiducs, princes, seigneurs, marquis,
Et tout ce que la cour offre de plus exquis,
Petits maîtres de robe à courte et longue queue.
J'évente les beautés, et leur plais d'une lieue.
Je m'érige aux repas en maître architriclin
Je suis le chansonnier et l'ame du festin.
Je suis parfait en tout. Ma valeur est connue ;
Je ne me bats jamais qu'aussitôt je ne tue :
De cent jolis combats je me suis démêlé :

ACTE III, SCÈNE XI.

J'ai la botte trompeuse, et le jeu très brouillé.
Mes aïeux sont connus; ma race est ancienne;
Mon trisaïeul étoit vice-bailli du Maine.
J'ai le vol du chapon : ainsi, dès le berceau,
Vous voyez que je suis gentilhomme manceau.

VALÈRE.
On le voit à votre air.

LE MARQUIS.
     J'ai sur certaine femme
Jeté, sans y songer, quelque amoureuse flamme.
J'ai trouvé la matière assez sèche de soi;
Mais la belle est tombée amoureuse de moi.
Vous le croyez sans peine; on est fait d'un modèle
A prétendre hypothèque, à fort bon droit, sur elle;
Et vouloir faire obstacle à de telles amours,
C'est prétendre arrêter un torrent dans son cours.

VALÈRE.
Je ne crois pas, monsieur, qu'on fût si téméraire.

LE MARQUIS.
On m'assure pourtant que vous le voulez faire.

VALÈRE.
Moi ?

LE MARQUIS.
Que, sans respecter ni rang ni qualité,
Vous nourrissez dans l'ame une velléité
De me barrer son cœur.

VALÈRE.
     C'est pure médisance;
Je sais ce qu'entre nous le sort mit de distance.

LE MARQUIS, *bas.*
  (*haut.*)
Il tremble. Savez-vous, monsieur du lansquenet,

Que j'ai de quoi rabattre ici votre caquet ?
VALÈRE.
Je le sais.
LE MARQUIS.
Vous croyez, en votre humeur caustique,
En agir avec moi comme avec l'as de pique ?
VALÈRE.
Moi, monsieur ?
LE MARQUIS, *bas.*
Il me craint. *(haut.)* Vous faites le plongeon,
Petit noble à nasarde, enté sur sauvageon.
(Valère enfonce son chapeau.)
LE MARQUIS, *bas.*
(haut.)
Je crois qu'il a du cœur. Je retiens ma colère :
Mais...
VALÈRE, *mettant la main sur son épée.*
Vous le voulez donc ? il faut vous satisfaire.
LE MARQUIS.
Bon ! bon ! je ris.
VALÈRE.
Vos ris ne sont point de mon goût,
Et vos airs insolents ne plaisent point du tout.
Vous êtes un faquin...
LE MARQUIS.
Cela vous plaît à dire.
VALÈRE.
Un fat, un malheureux.
LE MARQUIS.
Monsieur, vous voulez rire.

VALÈRE, *mettant l'épée à la main.*

Il faut voir sur-le-champ si les vice-baillis
Sont si francs du collier que vous l'avez promis.

LE MARQUIS.

Mais faut-il nous brouiller pour un sot point de gloire?

VALÈRE.

Oh! le vin est tiré, monsieur; il le faut boire

LE MARQUIS, *criant*

Ah! ah! je suis blessé!

SCÈNE XII.

LE MARQUIS, VALÈRE, HECTOR.

HECTOR, *accourant.*

Quels desseins emportés...

LE MARQUIS, *mettant l'épée à la main.*

Ah! c'est trop endurer...

HECTOR, *au marquis.*

Ah! monsieur, arrêtez!

LE MARQUIS, *à Hector.*

Laissez-moi donc.

HECTOR, *au marquis.*

Tout beau.

VALÈRE, *à Hector.*

Cesse de le contraindre:
Va, c'est un malheureux qui n'est pas bien à craindre.

HECTOR, *au marquis.*

Quel sujet...

LE MARQUIS, *fièrement, à Hector.*

Votre maître a certains petits airs...

(*Valère s'approche du marquis.*)

LE MARQUIS, *effrayé, dit doucement:*
Et prend mal à propos les choses de travers.
On vient civilement pour s'éclaircir d'un doute,
Et monsieur prend la chèvre ; il met tout en déroute,
Fait le petit mutin. Oh ! cela n'est pas bien.
   HECTOR, *au marquis.*
Mais encor, quel sujet ?
    LE MARQUIS, *à Hector.*
      Quel sujet ? moins que rien ;
L'amour de la comtesse auprès de lui m'appelle...
   HECTOR, *au marquis.*
Ah ! diable, c'est avoir une vieille querelle.
Quoi ! vous osez, monsieur, d'un cœur ambitieux,
Sur notre patrimoine ainsi jeter les yeux ?
Attaquer la comtesse, et nous le dire encore ?
   LE MARQUIS, *à Hector.*
Bon ! je ne l'aime pas ; c'est elle qui m'adore.
   VALÈRE, *au marquis.*
Oh ! vous pouvez l'aimer autant qu'il vous plaira ;
C'est un bien que jamais on ne vous enviera :
Vous êtes en effet un amant digne d'elle ;
Je vous cède les droits que j'ai sur cette belle.
   HECTOR.
Oui, les droits sur le cœur ; mais sur la bourse, non.
  LE MARQUIS, *à part, mettant son épée dans le*
    fourreau.
Je le savois bien, moi, que j'en aurois raison.
Et voilà comme il faut se tirer d'une affaire.
   HECTOR, *au marquis.*
N'auriez-vous point besoin d'un peu d'eau vulnéraire ?
   LE MARQUIS, *à Valère.*
Je suis ravi de voir que vous avez du cœur,

Et que le tout se soit passé dans la douceur.
Serviteur. Vous et moi nous en valons deux autres.
Je suis de vos amis.

VALÈRE.
Je ne suis pas des vôtres.

SCÈNE XIII.
VALÈRE, HECTOR.

VALÈRE.

Voilà donc ce marquis, cet homme dangereux ?

HECTOR.

Oui, monsieur, le voilà.

VALÈRE.

C'est un grand malheureux.

Je crains que mes joueurs ne soient sortis du gîte ;
Ils ont trop attendu : j'y retourne au plus vite.
J'ai dans le cœur, Hector, un bon pressentiment ;
Et je dois aujourd'hui gagner assurément.

HECTOR.

Votre cœur est, monsieur, toujours insatiable :
Ces inspirations viennent souvent du diable ;
Je vous en avertis, c'est un futé matois.

VALÈRE.

Elles m'ont réussi déjà plus d'une fois.

HECTOR

Tant va la cruche à l'eau...

VALÈRE.

Paix. Tu veux contredire :

A mon âge crois-tu m'apprendre à me conduire ?

LE JOUEUR.

HECTOR.

Vous ne me parlez point, monsieur, de votre amour.

VALÈRE.

Non.

SCÈNE XIV.

HECTOR.

Il m'en parlera peut-être à son retour.

FIN DU TROISIÈME ACTE.

ACTE QUATRIÈME.

SCÈNE I.
ANGÉLIQUE, NÉRINE.

NÉRINE.

En vain vous m'opposez une indigne tendresse
Je n'ai vu de mes jours avoir tant de mollesse :
Je ne puis sur ce point m'accorder avec vous.
Valère n'est point fait pour être votre époux ;
Il ressent pour le jeu des fureurs non-pareilles,
Et cet homme perdra quelque jour ses oreilles.

ANGÉLIQUE.
Le temps le guérira de cet aveuglement.

NÉRINE.
Le temps augmente encore un tel attachement.

ANGÉLIQUE.
Ne combats plus, Nérine, une ardeur qui m'enchante
Tu prendrois pour l'éteindre une peine impuissante
Il est des nœuds formés sous des astres malins,
Qu'on chérit malgré soi. Je cède à mes destins.
La raison, les conseils ne peuvent m'en distraire
Je vois le bon parti ; mais je prends le contraire.

NÉRINE.
Eh bien ! madame, soit ; contentez votre ardeur,
J'y consens ; acceptez pour époux un joueur,

Qui, pour porter au jeu son tribut volontaire,
Vous laissera manquer même du nécessaire;
Toujours triste ou fougueux, pestant contre le jeu,
Ou d'avoir perdu trop, ou bien gagné trop peu.
Quel charme qu'un époux qui, flattant sa manie,
Fait vingt mauvais marchés tous les jours de sa vie;
Prend pour argent comptant, d'un usurier fripon,
Des singes, des pavés, un chantier, du charbon;
Qu'on voit à chaque instant prêt à faire querelle
Aux bijoux de sa femme, ou bien à sa vaisselle;
Qui va, revient, retourne, et s'use à voyager
Chez l'usurier, bien plus qu'à donner à manger;
Quand, après quelque temps, d'intérêt surchargée,
Il la laisse où d'abord elle fut engagée,
Et prend, pour remplacer ses meubles écartés,
Des diamants du temple, et des plats argentés;
Tant que, dans sa fureur n'ayant plus rien à vendre,
Empruntant tous les jours, et ne pouvant plus rendre,
Sa femme signe enfin, et voit en moins d'un an
Ses terres en décret, et son lit à l'encan.

ANGÉLIQUE.

Je ne veux point ici m'affliger par avance :
L'évènement souvent confond la prévoyance.
Il quittera le jeu.

NÉRINE.

Quiconque aime, aimera ;
Et quiconque a joué, toujours joue, et jouera.
Certain docteur l'a dit; ce n'est point menterie
Et, si vous le voulez, contre vous je parie
Tout ce que je possède, et mes gages d'un an,
Qu'à l'heure que je parle il est dans un brelan.

SCÈNE II.

ANGÉLIQUE, NÉRINE, HECTOR.

NÉRINE.

Nous le saurons d'Hector qu'ici je vois paroître.

ANGÉLIQUE, *à Hector.*

Te voilà bien soufflant. En quels lieux est ton maître ?

HECTOR, *embarrassé.*

En quelque lieu qu'il soit, je réponds de son cœur ;
Il sent toujours pour vous la plus sincère ardeur.

NÉRINE.

Ce n'est point là, maraud, ce que l'on te demande.

HECTOR, *voulant s'echapper.*

Maraud ! je vois qu'ici je suis de contrebande.

NÉRINE.

Non, demeure un moment.

HECTOR.

Le temps me presse. Adieu.

NÉRINE.

Tout doux. N'est-il pas vrai qu'il est en quelque lieu
Où, courant le hasard..

HECTOR.

Parlez mieux, je vous prie.
Mon maître n'a hanté de tels lieux de sa vie.

ANGÉLIQUE, *à Hector.*

Tiens, voilà dix louis. Ne me mens pas ; dis-moi
S'il n'est pas vrai qu'il joue à présent.

HECTOR.

Oh ! ma foi,
Il est bien revenu de cette folle rage,
Et n'aura pas de goût pour le jeu davantage.

ANGÉLIQUE.
Avec tes faux soupçons, Nérine, eh bien ! tu vois !
HECTOR.
Il s'en donne aujourd'hui pour la dernière fois.
ANGÉLIQUE.
Il joueroit donc ?

HECTOR.
Il joue, à dire vrai, madame,
Mais ce n'est proprement que par noblesse d'ame :
On voit qu'il se défait de son argent exprès,
Pour n'être plus touché que de vos seuls attraits.
NÉRINE, à *Angélique.*
Eh bien ! ai-je raison ?

HECTOR.
Son mauvais sort, vous dis-je,
Mieux que tous vos discours aujourd'hui le corrige.
ANGÉLIQUE.
Quoi ?..

HECTOR.
N'admirez-vous pas cette fidélité ?
Perdre exprès son argent pour n'être plus tenté !
Il sait que l'homme est foible, il se met en défense.
Pour moi, je suis charmé de ce trait de prudence.
ANGÉLIQUE.
Quoi ! ton maître joueroit au mépris d'un serment ?
HECTOR.
C'est la dernière fois, madame, absolument.
On le peut voir encor sur le champ de bataille ;
Il frappe à droite, à gauche, et d'estoc, et de taille ;
Il se défend, madame, encor comme un lion
Je l'ai vu, dans l'effort de la convulsion,
Maudissant les hasards d'un combat trop funeste ;

De sa bourse expirante il ramassoit le reste :
Et, paroissant encor plus grand dans son malheur,
Il vendoit cher son sang et sa vie au vainqueur.

NÉRINE.

Pourquoi l'as-tu quitté dans cette décadence ?

HECTOR.

Comme un aide-de-camp je viens en diligence
Appeler du secours : il faut faire approcher
Notre corps de réserve ; et je m'en vais chercher
Deux cents louis qu'il a laissés dans sa cassette.

NÉRINE.

Eh bien ! madame, eh bien ! êtes-vous satisfaite ?

HECTOR.

Les partis sont aux mains ; à deux pas on se bat,
Et les moments sont chers en ce jour de combat.
Nous allons nous servir de nos armes dernières,
Et des troupes qu'au jeu l'on nomme auxiliaires.

SCÈNE III.

ANGÉLIQUE, NÉRINE.

NÉRINE.

Vous l'entendez, madame ! Après cette action,
Pour Valère armez-vous de belle passion ;
Cédez à votre étoile, épousez-le. J'enrage,
Lorsque j'entends tenir ce discours à votre âge.
Mais Dorante qui vient....

ANGÉLIQUE.

Ah ! sortons de ces lieux :
Je ne puis me résoudre à paroître à ses yeux

SCÈNE IV.

DORANTE, ANGÉLIQUE, NÉRINE

DORANTE, à Angélique qui sort.
En quoi ! vous me fuyez ? Daignez au moins m'apprendre...

SCÈNE V.

DORANTE, NÉRINE.

DORANTE.

Et toi, Nérine, aussi, tu ne veux pas m'entendre ?
Veux-tu de ta maîtresse imiter la rigueur ?

NÉRINE.

Non, monsieur, je vous sers toujours avec vigueur.
Laissez-moi faire.

SCÈNE VI.

DORANTE.

O ciel ! ce trait me désespère.
Je veux approfondir un si cruel mystère.
(Il va pour sortir.)

SCÈNE VII.

LA COMTESSE, DORANTE.

Où courez-vous, Dorante ?

DORANTE, *à part.*
O contre-temps fâcheux !
Cherchons à l'éviter.

ACTE IV, SCÈNE VIII.

LA COMTESSE.

Demeurez en ces lieux,
J'ai deux mots à vous dire ; et votre ame contente...
Mais non, retirez-vous ; un homme m'épouvante ;
L'ombre d'un tête-à-tête, et dedans et dehors,
Me fait, même en été, frissonner tout le corps.

DORANTE, *allant pour sortir.*

J'obéis...

LA COMTESSE.

Revenez. Quelque espoir qui vous guide,
Le respect à l'amour saura servir de bride,
N'est-il pas vrai ?

DORANTE.

Madame...

LA COMTESSE.

En ce temps les amants
Près du sexe d'abord sont si gesticulants...
Quoiqu'on soit vertueuse, il faut telle paroître ;
Et cela quelquefois coûte bien plus qu'à l'être.

DORANTE.

Madame...

LA COMTESSE.

En vérité, j'ai le cœur douloureux
Qu'Angélique si mal reconnoisse vos feux ;
Et, si je n'avois pas une vertu sévère
Qui me fait renfermer dans un veuvage austère,
Je pourrois bien... Mais non, je ne puis vous ouïr ;
Si vous continuez, je vais m'évanouir.

DORANTE.

Madame...

LA COMTESSE.

Vos discours, votre air soumis et tendre

Ne feront que m'aigrir, au lieu de me surprendre.
Bannissons la tendresse, il faut la supprimer.
Je ne puis, en un mot, me résoudre d'aimer.

DORANTE.

Madame, en vérité, je n'en ai nulle envie,
Et veux bien avec vous n'en parler de ma vie

LA COMTESSE.

Voilà, je vous l'avoue, un fort sot compliment.
Me trouvez-vous, monsieur, femme à manquer d'amant ?
J'ai mille adorateurs qui briguent ma conquête
Et leur encens trop fort me fait mal à la tête.
Ah ! vous le prenez là sur un fort joli ton,
En vérité !

DORANTE.

Madame...

LA COMTESSE.

Et je vous trouve bon !

DORANTE.

Le respect...

LA COMTESSE.

Le respect est là mal en sa place,
Et l'on ne me dit point pareille chose en face.
Si tous mes soupirants pouvoient me négliger,
Je ne vous prendrois pas pour m'en dédommager.
Du respect ! du respect ! ah ! le plaisant visage !

DORANTE.

J'ai cru que vous pouviez l'inspirer à votre âge.
Mais monsieur le marquis, qui paroît en ces lieux,
Ne sera pas peut-être aussi respectueux.

SCÈNE VIII.

LA COMTESSE.

Je suis au désespoir : je n'ai vu de ma vie
Tant de relâchement dans la galanterie.
Le marquis vient : il faut m'assurer un parti ;
Et je n'en prétends pas avoir le démenti.

SCÈNE IX.

LE MARQUIS, LA COMTESSE.

LE MARQUIS.

À mon bonheur, enfin, madame, tout conspire :
Vous êtes toute à moi.

LA COMTESSE.

Que voulez-vous donc dire,
Marquis ?

LE MARQUIS.

Que mon amour n'a plus de concurrent ;
Que je suis et serai votre seul conquérant ;
Que, si vous ne battez au plus tôt la chamade,
Il faudra vous résoudre à souffrir l'escalade.

LA COMTESSE.

Moi ! que l'on m'escalade ?

LE MARQUIS.

Entre nous, sans façon,
À Valère de près j'ai serré le bouton :
Il m'a cédé les droits qu'il avoit sur votre ame.

LA COMTESSE.

Eh ! le petit poltron !

9.

LE MARQUIS.

    Oh! palsambleu, madame,
Il seroit un Achille, un Pompée, un César,
Je vous le conduirois poings liés à mon char.
Il ne faut point avoir de mollesse en sa vie.
Je suis vert.

LA COMTESSE.

   Dans le fond j'en ai l'ame ravie.
Vous ne connoissez pas, marquis, tout votre mal;
Vous avez à combattre encor plus d'un rival.

LE MARQUIS.

Le don de votre cœur couvre un peu trop de gloire,
Pour n'être que le prix d'une seule victoire :
Vous n'avez qu'à nommer...

LA COMTESSE.

      Non, non, je ne veux pas
Vous exposer sans cesse à de nouveaux combats.

LE MARQUIS.

Est-ce ce financier de noblesse mineure,
Qui s'est fait depuis peu gentilhomme en une heure;
Qui bâtit un palais sur lequel on a mis
Dans un grand marbre noir, en or, L'hôtel Damis;
Lui qui voyoit jadis imprimé sur sa porte,
Bureau du pied fourché, chair salée et chair morte:
Qui dans mille portraits expose ses aïeux,
Son père, son grand-père, et les place en tous lieux,
En sa maison de ville, en celle de campagne,
Les fait venir tout droit des comtes de Champagne,
Et de ceux de Poitou, d'autant que, pour certain,
L'un s'appeloit Champagne, et l'autre Poitevin?

LA COMTESSE.

A vos transports jaloux un autre se dérobe

ACTE IV, SCÈNE IX.

LE MARQUIS.

C'est donc ce sénateur, cet Adonis de robe,
Ce docteur en soupers, qui se tait au palais,
Et sait sur des ragoûts prononcer des arrêts;
Qui juge sans appel, sur un vin de Champagne,
S'il est de Reims, du Clos, ou bien de la Montagne,
Qui, de livres de droit toujours débarrassé,
Porte cuisine en poche, et poivre concassé?

LA COMTESSE.

Non, marquis, c'est Dorante; et j'ai su m'en défaire.

LE MARQUIS.

Quoi! Dorante! cet homme à maintien débonnaire,
Ce croquant, qu'à l'instant je viens de voir sortir?

LA COMTESSE.

C'est lui-même.

LE MARQUIS.

Eh! parbleu, vous deviez m'avertir,
Nous nous serions parlé sans sortir de la salle.
Je ne suis pas méchant; mais, sans bruit, sans scandale
Sans lui donner le temps seulement de crier,
Pour lui votre fenêtre eût servi d'escalier.

LA COMTESSE.

Vous êtes turbulent. Si vous étiez plus sage,
On pourroit...

LE MARQUIS.

La sagesse est tout mon apanage.

LA COMTESSE.

Quoiqu'un engagement m'ait toujours fait horreur,
On auroit avec vous quelque affaire de cœur.

LE MARQUIS.

Ah parbleu, volontiers : vous me chatouillez l'ame.
Par affaire de cœur, qu'entendez-vous, Madame?

LE JOUEUR.

LA COMTESSE.

Ce que vous entendez vous-même ; et je prétends
Qu'un hymen bien scellé...

LE MARQUIS.

C'est comme je l'entends.
Et ce n'est qu'en époux que je prétends vous plaire.

LA COMTESSE.

Je ne donne mon cœur que par-devant notaire.
Je veux un bon contrat sur de bon parchemin,
Et non pas un hymen qu'on rompt le lendemain.

LE MARQUIS.

Vous aimez chastement ; je vous en félicite,
Et je me donne à vous avec tout mon mérite,
Quoique cent fois le jour on me mette à la main
Des partis à fixer un empereur romain.

LA COMTESSE.

Je crois que nos deux cœurs seront toujours fidèles.

LE MARQUIS.

Oh ! parbleu, nous vivrons comme deux tourterelles.
Pour vous porter, madame, un cœur tout dégagé,
Je vais dans ce moment signifier congé
A des beautés sans nombre à qui mon cœur renonce ;
Et vous aurez dans peu ma dernière réponse.

LA COMTESSE.

Adieu. Fasse le ciel, marquis, que dans ce jour
Un hymen soit le sceau d'un si parfait amour.

SCÈNE X.

LE MARQUIS.

Eh bien ! marquis, tu vois, tout rit à ton mérite ;
Le rang, le cœur, le bien, tout pour toi sollicite :

Tu dois être content de toi par tout pays :
On le seroit à moins. Allons, saute, marquis.
Quel bonheur est le tien ! Le ciel à ta naissance
Répandit sur tes jours sa plus douce influence ;
Tu fus, je crois, pétri par les mains de l'amour :
N'es-tu pas fait à peindre ? est-il homme à la cour
Qui de la tête aux pieds porte meilleure mine,
Une jambe mieux faite, une taille plus fine ?
Et pour l'esprit, parbleu, tu l'as des plus exquis :
Que te manque-t-il donc ? Allons, saute, marquis.
La nature, le ciel, l'amour, et la fortune,
De tes prospérités font leur cause commune ;
Tu soutiens ta valeur avec mille hauts faits ;
Tu chantes, danses, ris, mieux qu'on ne fit jamais :
Les yeux à fleur de tête, et les dents assez belles,
Jamais en ton chemin trouvas-tu de cruelles ?
Près du sexe tu vins, tu vis, et tu vainquis ;
Que ton sort est heureux !

SCÈNE XI.

HECTOR, LE MARQUIS.

LE MARQUIS.

Allons, saute, marquis.

HECTOR.

Attendez un moment. Quelle ardeur vous transporte !
Eh quoi ! monsieur, tout seul vous sautez de la sorte !

LE MARQUIS.

C'est un pas de ballet que je veux repasser.

HECTOR.

Mon maître, qui me suit, vous les fera danser,
Monsieur, si vous voulez.

LE MARQUIS.
Que dis-tu là? ton maitre!
HECTOR.
Oui, monsieur, à l'instant vous l'allez voir paroître.
LE MARQUIS.
En ces lieux je ne puis plus long-temps m'arrêter :
Pour cause nous devons tous deux nous éviter :
Quand ma verve me prend, je ne suis plus traitable :
Il est brutal, je suis emporté comme un diable ;
Il manque de respect pour les vice-baillis,
Et nous aurions du bruit. Allons, saute, marquis.

SCÈNE XII.

HECTOR.

Allons, saute, marquis. Un tour de cette sorte
Est volé d'un Gascon, ou le diable m'emporte.
Il vient de la Garonne. Oh ! parbleu, dans ce temps
Je n'aurois jamais cru les marquis si prudents.
Je ris ; et cependant mon maître à l'agonie
Cède en un lansquenet à son mauvais génie

SCÈNE XIII.

VALÈRE, HECTOR.

HECTOR.

Le voici. Ses malheurs sur son front sont écrits :
Il a tout le visage et l'air d'un premier pris.
VALÈRE.
Non, l'enfer en courroux, et toutes ses furies
N'ont jamais exercé de telles barbaries.

ACTE IV, SCÈNE XIII.

Je te loue, ô destin, de tes coups redoublés ;
Je n'ai plus rien à perdre, et tes vœux sont comblés.
Pour assouvir encor la fureur qui t'anime
Tu ne peux rien sur moi ; cherche une autre victime.

HECTOR, *à part.*

Il est sec.

VALÈRE.

De serpents mon cœur est dévoré ;
Tout semble en un moment contre moi conjuré.

(*il prend Hector à la cravate.*)

Parle. As-tu jamais vu le sort et son caprice
Accabler un mortel avec plus d'injustice,
Le mieux assassiner ? perdre tous les paris,
Vingt fois le coupe-gorge, et toujours premier pris !
Réponds-moi donc, bourreau ?

HECTOR

Mais ce n'est pas ma faute.

VALÈRE.

As-tu vu de tes jours trahison aussi haute ?
Sort cruel, ta malice a bien su triompher ;
Et tu ne me flattois que pour mieux m'étouffer.
Dans l'état où je suis je puis tout entreprendre ;
Confus, désespéré, je suis prêt à me pendre.

HECTOR.

Heureusement pour vous vous n'avez pas un sou
Dont vous puissiez, monsieur, acheter un licou.
Voudriez-vous souper ?

VALÈRE.

Que la foudre t'écrase !
Ah ! charmante Angélique, en l'ardeur qui m'embrase,
A vos seules bontés je veux avoir recours :
Je n'aimerai que vous ; m'aimeriez-vous toujours ?

Mon cœur, dans les transports de sa fureur extrême,
N'est point si malheureux, puisqu'enfin il vous aime.

HECTOR, *à part.*

Notre bourse est à fond ; et, par un sort nouveau,
Notre amour recommence à revenir sur l'eau.

VALÈRE.

Calmons le désespoir où la fureur me livre.
Approche ce fauteuil.

(*Hector approche un fauteuil.*)

VALÈRE, *assis.*

Va me chercher un livre.

HECTOR.

Quel livre voulez-vous lire en votre chagrin ?

VALÈRE.

Celui qui te viendra le premier sous la main ;
Il m'importe peu : prends dans ma bibliothèque.

HECTOR *sort, et rentre tenant un livre.*
Voilà Sénèque.

VALÈRE

Lis.

HECTOR.

Que je lise Sénèque ?

VALÈRE.

Oui. Ne sais-tu pas lire ?

HECTOR.

Hé ! vous n'y pensez pas ;
Je n'ai lu de mes jours que dans des almanachs.

VALÈRE.

Ouvre, et lis au hasard.

HECTOR.

Je vais le mettre en pièces.

ACTE IV, SCÈNE XIII.

VALÈRE.

Lis donc.

HECTOR *lit.*

« CHAPITRE VI. Du mépris des richesses
« La fortune offre aux yeux des brillants mensongers :
« Tous les biens d'ici-bas sont faux et passagers ;
« Leur possession trouble, et leur perte est légère.:
« Le sage gagne assez, quand il peut s'en défaire. »
Lorsque Sénèque fit ce chapitre éloquent,
Il avoit, comme vous, perdu tout son argent.

VALÈRE, *se levant.*

Vingt fois le premier pris ! dans mon cœur il s'élève

(*il s'assied.*)

Des mouvements de rage. Allons, poursuis, achève.

HECTOR.

« L'or est comme une femme ; on n'y sauroit toucher
« Que le cœur, par amour, ne s'y laisse attacher.
« L'un et l'autre en ce temps, sitôt qu'on les manie
« Sont deux grands remoras pour la philosophie. »
N'ayant plus de maîtresse, et n'ayant pas un sou
Nous philosopherons maintenant tout le soûl.

VALÈRE.

De mon sort désormais vous serez seule arbitre,
Adorable Angélique... Achève ton chapitre.

HECTOR.

« Que faut-il...

VALÈRE.

Je bénis le sort et ses revers,
Puisqu'un heureux malheur me rengage en vos fers,
Finis donc.

HECTOR.

« Que faut-il à la nature humaine ?
« Moins on a de richesse, et moins on a de peine.
« C'est posséder les biens que savoir s'en passer. »
Que ce mot est bien dit ! et que c'est bien penser !
Ce Sénèque, monsieur, est un excellent homme.
Étoit-il de Paris ?

VALÈRE.

Non, il étoit de Rome.
Dix fois à carte triple être pris le premier !

HECTOR.

Ah ! monsieur, nous mourrons un jour sur un fumier.

VALÈRE.

Il faut que de mes maux enfin je me délivre :
J'ai cent moyens tout prêts pour m'empêcher de vivre,
La rivière, le feu, le poison, et le fer.

HECTOR.

Si vous vouliez, monsieur, chanter un petit air ;
Votre maître à chanter est ici : la musique
Peut-être calmeroit cette humeur frénétique.

VALÈRE.

Que je chante !

HECTOR.

Monsieur...

VALÈRE.

Que je chante, bourreau !
Je veux me poignarder : la vie est un fardeau
Qui pour moi désormais devient insupportable.

HECTOR.

Vous la trouviez pourtant tantôt bien agréable :
Qu'un joueur est heureux ! sa poche est un trésor,

Sous ses heureuses mains le cuivre devient or,
Disiez-vous.

VALÈRE.

Ah ! je sens redoubler ma colère.

SCÈNE XIV.

GÉRONTE, VALÈRE, HECTOR.

HECTOR.

Monsieur, contraignez-vous ; j'aperçois votre père.

GÉRONTE.

Pour quel sujet, mon fils, criez-vous donc si fort ?
(à Hector.)
Est-ce toi, malheureux, qui causes ce transport ?

VALÈRE.

Non pas, monsieur.

HECTOR, *à Géronte.*

Ce sont des vapeurs de morale
Qui nous vont à la tête, et que Sénèque exhale.

GÉRONTE.

Qu'est-ce à dire Sénèque ?

HECTOR.

Oui, monsieur : maintenant
Que nous ne jouons plus, notre unique ascendant
C'est la philosophie, et voilà notre livre :
C'est Sénèque.

GÉRONTE.

Tant mieux. Il apprend à bien vivre :
Son livre est admirable et plein d'instructions,
Et rend l'homme brutal maître des passions

HECTOR.

Ah ! si vous aviez lu son traité des richesses,
Et le mépris qu'on doit faire de ses maîtresses ;
Comme la femme ici n'est qu'un vrai rémora,
Et que, lorsqu'on y touche... on en demeure là...
Qu'on gagne quand on perd... que l'amour dans nos ames...
Ah ! que ce livre-là connoissoit bien les femmes !

GÉRONTE.

Hector en peu de temps est devenu docteur.

HECTOR.

Oui, monsieur, je saurai tout Sénèque par cœur.

GÉRONTE, *à Valère.*

Je vous cherche en ces lieux avec impatience,
Pour vous dire, mon fils, que votre hymen s'avance.
Je quitte le notaire, et j'ai vu les parents,
Qui d'une et d'autre part me paroissent contents.
Vous avez vu, je crois, Angélique ? et j'espère
Que son consentement...

VALÈRE.

Non, pas encor, mon père:
Certaine affaire m'a...

GÉRONTE.

Vraiment, pour un amant,
Vous faites voir, mon fils, bien peu d'empressement.
Courez-y : dites-lui que ma joie est extrême ;
Que, charmé de ce nœud, dans peu j'irai moi-même
Lui faire compliment, et l'embrasser...

HECTOR, *à Géronte.*

Tout doux :
Monsieur fera cela tout aussi bien que vous.

VALÈRE, *à Géronte.*

Pénétré des bontés de celui qui m'envoie,
Je vais de cet emploi m'acquitter avec joie.

SCÈNE XV.

GÉRONTE, HECTOR

HECTOR.

Il vous plaira toujours d'être mémoratif
D'un papier que tantôt, d'un air rébarbatif,
Et même avec scandale...

GÉRONTE.

Oui-dà : laisse-moi faire ;
Le mariage fait, nous verrons cette affaire.

HECTOR.

J'irai donc, sur ce pied, vous visiter demain.

SCÈNE XVI.

GÉRONTE.

Graces au ciel, mon fils est dans le bon chemin :
Par mes soins paternels il surmonte la pente
Où l'entraînoit du jeu la passion ardente.
Ah ! qu'un père est heureux qui voit en un moment
Un cher fils revenir de son égarement !

FIN DU QUATRIÈME ACTE.

ACTE CINQUIÈME.

SCÈNE I.

DORANTE, ANGÉLIQUE, NÉRINE

DORANTE.

Hé ! madame, cessez d'éviter ma présence.
Je ne viens point, armé contre votre inconstance,
Faire éclater ici mes sentiments jaloux,
Ni par des mots piquants exhaler mon courroux :
Plus que vous ne pensez mon cœur vous justifie.
Votre légèreté veut que je vous oublie ;
Mais, loin de condamner votre cœur inconstant,
Je suis assez vengé si j'en puis faire autant.

ANGÉLIQUE.

Que votre emportement en reproches éclate :
Je mérite les noms de volage, d'ingrate ;
Mais enfin de l'amour l'impérieuse loi
A l'hymen que je crains m'entraîne malgré moi :
J'en prévois les dangers ; mais un sort tyrannique...

DORANTE.

Votre cœur est hardi, généreux, héroïque ;
Vous voyez devant vous un abîme s'ouvrir,
Et vous ne laissez pas, madame, d'y courir.

NÉRINE.

Quand j'en devrois mourir, je ne puis plus me taire.

Je vous empêcherai de terminer l'affaire ;
Ou, si dans cet amour votre cœur engagé
Persiste en ses desseins, donnez-moi mon congé.
Je suis fille d'honneur, je ne veux point qu'on die
Que vous ayez sous moi fait pareille sottise.
Valère est un indigne ; et, malgré son serment,
Vous voyez tous les jours qu'il joue impunément.

ANGÉLIQUE.

En faveur de mon foible il faut lui faire grace :
De la fureur du jeu veux-tu qu'il se défasse ;
Hélas ! quand je ne puis me défaire aujourd'hui
Du lâche attachement que mon cœur a pour lui ?

DORANTE.

Ces feux sont trop charmants pour vouloir les éteindre.
Je ne suis point, madame, ici pour vous contraindre.
Mon neveu vous épouse ; et je viens seulement
Donner à votre hymen un plein consentement.

SCÈNE II.

Mme LA RESSOURCE, ANGÉLIQUE, DORANTE, NÉRINE.

NÉRINE.

MADAME la Ressource ici ! Qu'y viens-tu faire ?

MADAME LA RESSOURCE.

Je cherche un cavalier pour finir une affaire...
On tâche, autant qu'on peut, dans son petit trafic
A gagner ses dépens en servant le public.

ANGÉLIQUE.

Cette Nérine-là connoît toute la France.

NÉRINE.

Pour vivre, il faut avoir plus d'une connoissance;

C'est une illustre, au moins, et qui sait en secret
Couler adroitement un amoureux poulet,
Habile en tous métiers, intrigante parfaite,
Qui prête, vend, revend, brocante, troque, achète,
Met à perfection un hymen ébauché,
Vend son argent bien cher, marie à bon marché.

MADAME LA RESSOURCE.

Votre bonté pour moi toujours se renouvelle ;
Vous avez si bon cœur...

NÉRINE.

Il fait bon avec elle,
Je vous en avertis ; en bijoux et brillants
En poche elle a toujours plus de vingt mille francs.

DORANTE, *à madame la Ressource.*

Mais ne craignez-vous point qu'un soir, dans le silence..

NÉRINE.

Bon, bon ! tous les filous sont de sa connoissance.

MADAME LA RESSOURCE.

Nérine rit toujours.

NÉRINE, *à madame la Ressource.*

Montrez-nous votre écrin.

MADAME LA RESSOURCE.

Volontiers. J'ai toujours quelque hasard en main.
Regardez ce brillant ; je vais en faire affaire
Avec et par-devant un conseiller notaire.
Pour certaine chanteuse on dit qu'il en tient là.

NÉRINE.

Le drôle veut passer quelque acte à l'opéra.

SCÈNE III.

LA COMTESSE, ANGÉLIQUE, DORANTE, NÉRINE, MME LA RESSOURCE.

NÉRINE.

Mais voici la comtesse.

MADAME LA RESSOURCE.

On m'attend; je vous quitte.

NÉRINE.

Non, non; sur vos bijoux j'ai des droits de visite.

LA COMTESSE, à *Angélique*.

Votre choix est-il fait? peut-on enfin savoir
A qui vous prétendez vous marier ce soir?

ANGÉLIQUE.

Oui, ma sœur, il est fait; et ce choix doit vous plaire,
Puisqu'avant moi pour vous vous avez su le faire.

LA COMTESSE.

Apparemment monsieur est ce mortel heureux,
Ce fidèle aspirant dont vous comblez les vœux?

DORANTE.

A ce bonheur charmant je n'ose pas prétendre.
Si madame eût gardé son cœur pour le plus tendre,
Plus que tout autre amant j'aurois pu l'espérer.

LA COMTESSE.

La perte n'est pas grande, et se peut réparer.

SCÈNE IV.

LE MARQUIS, LA COMTESSE, ANGÉLIQUE, DORANTE, Mme LA RESSOURCE, NÉRINE.

LE MARQUIS, *à la comtesse.*

Charmé de vos beautés, je viens enfin, madame,
Ici mettre à vos pieds et mon corps et mon ame.
Vous serez, par ma foi, marquise cette fois ;
Et j'ai sur vous enfin laissé tomber mon choix.

MADAME LA RESSOURCE, *à part.*

Cet homme m'est connu.

LA COMTESSE.

Monsieur, je suis ravie
De m'unir avec vous le reste de ma vie.
Vous êtes gentilhomme, et cela me suffit.

LE MARQUIS.

Je le suis du déluge.

MADAME LA RESSOURCE, *à part.*

Oui, c'est lui qui le dit.

LE MARQUIS.

En faisant avec moi cette heureuse alliance,
Vous pourrez vous vanter que gentilhomme en France
Ne tirera de vous, si vous me l'ordonnez,
Des enfants de tout point mieux conditionnés.

(*apercevant madame la Ressource.*)

Vous verrez si je mens. Ah ! vous voilà, madame.

(*à la comtesse.*)

Et que faites-vous donc ici de cette femme ?

NÉRINE, *au marquis.*

Vous la connoissez ?

ACTE V, SCÈNE IV.

LE MARQUIS.
Moi? je ne sais ce que c'est.

MADAME LA RESSOURCE, *au marquis*.
Ah! je vous connois trop, moi, pour mon intérêt.
Quand vous résoudrez-vous, monsieur le gentilhomme
Fait du temps du déluge, à me payer ma somme,
Mes quatre cents écus prêtés depuis cinq ans?

LE MARQUIS.
Pour me les demander vous prenez bien le temps.

MADAME LA RESSOURCE.
Je veux aux yeux de tous vous en faire avanie,
A toute heure, en tous lieux.

LE MARQUIS.
Hé! vous rêvez, ma mie.

MADAME LA RESSOURCE.
Voici le grand merci d'obliger des ingrats.
Après l'avoir tiré d'un aussi vilain pas...
Baste...

LA COMTESSE, *à madame la Ressource*.
Parlez, parlez.

MADAME LA RESSOURCE.
Non, non, il est trop rude
D'aller de ses parents montrer la turpitude.

LA COMTESSE.
Comment donc?

LE MARQUIS, *à part*.
Ah! je grille.

MADAME LA RESSOURCE.
Au châtelet, sans moi,
On le verroit encor vivre aux dépens du roi.

NÉRINE.
Quoi! monsieur le marquis...

MADAME LA RESSOURCE.

Lui marquis ! c'est l'Épine.
Je suis marquise donc, moi, qui suis sa cousine ?
Son père étoit huissier à verge dans le Mans.

LE MARQUIS.
(à part.)

Vous en avez menti. Maugrebleu des parents !

MADAME LA RESSOURCE.

Mon oncle n'étoit pas huissier ? qu'il t'en souvienne.

LE MARQUIS.

Son nom étoit connu dans le haut et bas Maine.

NÉRINE.

Votre père étoit donc un marquis exploitant ?

ANGÉLIQUE.

Vous aviez là, ma sœur, un fort illustre amant.

MADAME LA RESSOURCE.

C'est moi qui l'ai nourri quatre mois, sans reproche,
Quand il vint à Paris en guêtres par le coche.

LE MARQUIS.

D'accord, puisqu'on le sait, mon père étoit huissier,
Mais huissier à cheval ; c'est comme chevalier.
Cela n'empêche pas que dans ce jour, madame,
Nous ne mettions à fin une si belle flamme :
Jamais ce feu pour vous ne fut si violent ;
Et jamais tant d'appas...

LA COMTESSE.

Taisez-vous, insolent.

LE MARQUIS.

Insolent ! moi, qui dois honorer votre couche,
Et par qui vous devez quelque jour faire souche !

LA COMTESSE.

Sors d'ici, malheureux ; porte ailleurs ton amour.

LE MARQUIS.

Oui, l'on agit de même avec les gens de cour !
On reconnoît si mal le rang et le mérite !
J'en suis, parbleu, ravi. Pour le coup je vous quitte.
J'ai pour briller ailleurs mille talents acquis ;
Je vais m'en consoler. Allons, saute, marquis.
(Il sort.)

SCÈNE V.

LA COMTESSE, ANGÉLIQUE, DORANTE, NÉRINE, MME LA RESSOURCE.

LA COMTESSE.

Je n'y puis plus tenir, ma sœur, et je vous laisse.
Avec qui vous voudrez, finissez de tendresse ;
Coupez, taillez, rognez, je m'en lave les mains.
Désormais, pour toujours, je renonce aux humains.

SCÈNE VI

DORANTE, ANGÉLIQUE, NÉRINE, MME LA RESSOURCE.

DORANTE.

Ils prennent leur parti.

MADAME LA RESSOURCE.

La rencontre est plaisante !

Je l'ai démarquisé bien loin de son attente :
J'en voudrois faire autant à tous les faux marquis.

NÉRINE.

Vous auriez, par ma foi, bien affaire à Paris :
Il est tant de traitants qu'on voit, depuis la guerre,

En modernes seigneurs sortir de dessous terre,
Qu'on ne s'étonne plus qu'un laquais, un pied-plat,
De sa vieille mandille achète un marquisat.

ANGÉLIQUE, *à madame la Ressource.*

Vous avez découvert ici bien du mystère.

MADAME LA RESSOURCE.

De quoi s'avise-t-il de me rompre en visière ?
Mais, aux grands mouvements qu'en ce lieu je puis voir,
Madame se marie.

NÉRINE.

Oui vraiment, dès ce soir.

MADAME LA RESSOURCE, *fouillant dans sa poche.*

J'en ai bien de la joie. Il faut que je lui montre
Deux pendants de brillants que j'ai là de rencontre ;
J'en ferai bon marché. Je crois que les voilà ;
Ils sont des plus parfaits. Non, ce n'est pas cela :
C'est un portrait de prix ; mais il n'est pas à vendre.

NÉRINE.

Faites-le voir.

MADAME LA RESSOURCE.

Non, non : on doit me le reprendre.

NÉRINE, *le lui arrachant.*

Oh ! je suis curieuse ; il faut me montrer tout.
Que les brillants sont gros ! ils sont fort de mon goût.
Mais que vois-je, grands dieux ! Quelle surprise extrême !
Aurois-je la berlue ? Hé ! ma foi, c'est lui-même.
Ah !...

(*Elle fait un grand cri.*)

ANGÉLIQUE.

Qu'as-tu donc, Nérine ? et te trouves-tu mal ?

NÉRINE.

Votre portrait, madame, en propre original.

ACTE V, SCÈNE VI.

ANGÉLIQUE.

Mon portrait! es-tu folle?

NÉRINE, *pleurant.*

Ah! ma pauvre maîtresse,
Faut-il vous voir ainsi durement mise en presse?

MADAME LA RESSOURCE.

Que veut dire ceci?

ANGÉLIQUE, *à Nérine.*

Tu te trompes. Vois mieux.

NÉRINE.

Regardez donc vous-même, et voyez par vos yeux.

ANGÉLIQUE.

Tu ne te trompes point, Nérine; c'est lui-même:
C'est mon portrait, hélas! qu'en mon ardeur extrême
Je viens de lui donner pour prix de ses amours,
Et qu'il m'avoit juré de conserver toujours.

MADAME LA RESSOURCE.

Votre portrait! il est à moi, sans vous déplaire;
Et j'ai prêté dessus mille écus à Valère

ANGÉLIQUE.

Juste ciel!

NÉRINE.

Le fripon!

DORANTE, *prenant le portrait.*

Je veux aussi le voir.

MADAME LA RESSOURCE.

Ce portrait m'appartient, et je prétends l'avoir.

DORANTE, *à madame la Ressource.*

Laissez-moi le garder un moment, je vous prie:
C'est la seule faveur qu'on m'ait faite en ma vie.

ANGÉLIQUE.

C'en est fait, pour jamais je le veux oublier

NÉRINE, *à Angélique.*

S'il met votre portrait ainsi chez l'usurier
Étant encore amant, il vous vendra, madame,
A beaux deniers comptants quand vous serez sa femme.
(*à madame la Ressource.*)

Mais le voici qui vient. A trois ou quatre pas,
De grace, éloignez-vous, et ne vous montrez pas.

MADAME LA RESSOURCE.

Mais pourquoi...

DORANTE.

Du portrait ne soyez plus en peine.

MADAME LA RESSOURCE, *se retirant au fond de la scène.*

Lorsque je le verrai, j'en serai plus certaine.

SCÈNE VII.

VALÈRE, ANGÉLIQUE, DORANTE, HECTOR, NÉRINE, Mme LA RESSOURCE, *au fond du théâtre.*

VALÈRE.

QUEL bonheur est le mien ! Enfin voici le jour,
Madame, où je dois voir triompher mon amour.
Mon cœur tout pénétré.. Mais, ciel ! quelle tristesse,
Nérine, a pu saisir ta charmante maîtresse ?
Est-ce ainsi que tantôt...

NÉRINE.

Bon ! ne savez-vous pas ?

Les filles sont, monsieur, tantôt haut, tantôt bas.

VALÈRE.

Eh quoi ! changer sitôt !

ACTE V, SCÈNE VII.

ANGÉLIQUE.

Ne craignez point, Valère,
Les funestes retours de mon humeur légère ;
Le portrait dont ma main vous a fait possesseur
Vous est un sûr garant que vous avez mon cœur.

VALÈRE.

Que ce tendre discours me charme et me rassure !

NÉRINE, *à part.*

Tu ne seras heureux, par ma foi, qu'en peinture.

ANGÉLIQUE.

Quiconque a mon portrait, sans crainte de rival,
Doit avec la copie avoir l'original.

VALÈRE.

Madame, en ce moment que mon ame est contente !

ANGÉLIQUE.

Ne consentez-vous pas à ce parti, Dorante ?

DORANTE.

Je veux ce qu'il vous plaît ; vos ordres sont pour moi
Les décrets respectés d'une suprême loi :
Votre bouche, madame, a prononcé sans feindre ;
Et mon cœur subira votre arrêt sans se plaindre.

HECTOR, *bas, à Valère.*

De l'arrêt tout du long il va payer les frais.

ANGÉLIQUE.

Valère, vous voyez pour vous ce que je fais.

VALÈRE.

Jamais tant de bontés...

ANGÉLIQUE.

Montrez donc, sans attendre,
Le portrait que de moi vous avez voulu prendre ;
Et que votre rival sache à quoi s'en tenir.

VALÈRE, *fouillant dans sa poche.*
Soit... Mais permettez-moi de vous désobéir :
C'est mon oncle ; en voyant de votre amour ce gage,
Il joueroit à vos yeux un mauvais personnage.
Vous savez bien qui l'a.

ANGÉLIQUE.
Vous pouvez le montrer :
Il verra mon portrait sans se désespérer.

DORANTE.
Madame au plus heureux accordant la victoire,
Le triomphe est trop beau pour n'en pas faire gloire.

VALÈRE, *fouillant toujours dans sa poche.*
Puisque vous le voulez, il faut vous le chercher ;
Mais je n'aurai du moins rien à me reprocher :
Vous voulez un témoin, il faut vous satisfaire.

HECTOR, *apercevant madame la Ressource.*
Ah ! nous sommes perdus ! j'aperçois l'usurière.

VALÈRE.
C'est votre faute, si... (*à Hector.*) Qu'as-tu fait du portrait ?

HECTOR.
Du portrait ?

VALÈRE.
Oui, maraud : parle ; qu'en as-tu fait ?

HECTOR, *tendant la main par derrière, dit bas à madame la Ressource :*
Madame la Ressource, un moment, sans paroître,
Prêtez-nous notre gage.

VALÈRE
Ah, chien ! ah, double traître !
Tu l'as perdu.

HECTOR.
Monsieur...

ACTE V, SCÈNE VII.

VALÈRE, *mettant l'épée à la main.*
    Il faut que ton trépas...
   HECTOR, *à genoux.*
Ah ! monsieur, arrêtez, et ne me tuez pas :
Voyant dans ce portrait madame si jolie,
Je l'ai mis chez un peintre ; il m'en fait la copie.
    VALÈRE.
Tu l'as mis chez un peintre ?
    HECTOR.
    Oui, monsieur.
    VALÈRE.
      Ah, maraud !
Va, cours me le chercher, et reviens au plus tôt.
   DORANTE, *montrant le portrait.*
Épargnez-lui ces pas : il n'est plus temps de feindre.
Le voici.
   HECTOR, *à part.*
   Nous voilà bien achevés de peindre !
Ah, carogne !
   VALÈRE, *à Angélique.*
Le peintre...
   ANGÉLIQUE, *à Valère.*
    Avec de vains détours,
Ingrat, ne croyez pas qu'on m'abuse toujours.
    VALÈRE.
Madame, en vérité, de telles épithètes
Ne me vont point du tout.
    ANGÉLIQUE.
    Perfide que vous êtes !
Ce portrait, que tantôt je vous avois donné
Pour le gage d'un cœur le plus passionné,

Malgré tous vos serments, parjure, à la même heure,
Vous l'avez mis en gage!

VALÈRE.

Ah! qu'à vos yeux je meure...

ANGÉLIQUE.

Ah! cessez de vouloir plus long-temps m'outrager,
Cœur lâche.

HECTOR, *bas, à Valère.*

Nous devions tantôt le dégager;
Et contre mon avis vous avez fait la chose.

MADAME LA RESSOURCE.

De tous vos débats, moi, je ne suis point la cause;
Et je prétends avoir mon portrait, s'il vous plaît.

DORANTE.

Laissez-le-moi garder, j'en paierai l'intérêt
Si fort qu'il vous plaira.

SCÈNE VIII.

GÉRONTE, ANGÉLIQUE, VALÈRE, DORANTE
NÉRINE, MME LA RESSOURCE, HECTOR.

GÉRONTE, *à Angélique.*

Que mon ame est ravie
De voir qu'avec mon fils un tendre hymen vous lie!
J'attends depuis long-temps ce fortuné moment.

NÉRINE.

Son cœur ressent, je crois, le même empressement.

GÉRONTE.

De vous trouver ici je suis ravi, mon frère.
Vous prenez, croyez-moi, comme il faut cette affaire;
Et l'hymen de madame, à vous en parler net,

ACTE V, SCÈNE VIII.

N'étoit, en vérité, point du tout votre fait.

DORANTE.

Il est vrai.

GÉRONTE, à *Angélique*.

Le notaire en ce lieu va se rendre;
Avec lui nous prendrons le parti qu'il faut prendre.

NÉRINE.

Oh! par ma foi, monsieur, vous ne prendrez qu'un rat;
Et le notaire peut remporter son contrat.

GÉRONTE.

Comment donc?

ANGÉLIQUE.

Autrefois mon cœur eut la foiblesse
De rendre à votre fils tendresse pour tendresse;
Mais la fureur du jeu dont il est possédé,
Pour mon portrait enfin son lâche procédé,
Me font ouvrir les yeux; et, contre mon attente,
En ce moment, monsieur, je me donne à Dorante.

(*à Dorante.*)
Acceptez-vous ma main?

DORANTE.

Ah! je suis trop heureux
Que vous vouliez encor...

GÉRONTE, à *Hector*.

Parle, toi, si tu veux;
Explique ce mystère.

HECTOR.

Oh! par ma foi, je n'ose;
Ce récit est trop triste en vers ainsi qu'en prose.

LE JOUEUR.

GÉRONTE.

Parle donc.

HECTOR.

Pour avoir mis, sans réflexion,
Le portrait de madame une heure en pension
     (montrant madame la Ressource.)
Chez cette chienne-là, que Lucifer confonde,
On nous donne un congé le plus cruel du monde.

GÉRONTE.

Sans vouloir davantage ici l'interroger,
Sa folle passion m'en fait assez juger,
J'ai peine à retenir le courroux qui m'agite,
Fils indigne de moi, va, je te déshérite;
Je ne veux plus te voir, après cette action,
Et te donne cent fois ma malédiction.   *(Il sort.)*

SCÈNE IX.

ANGÉLIQUE, VALÈRE, DORANTE, NÉRINE,
Mme LA RESSOURCE, HECTOR.

HECTOR.

Le beau présent de noce!
ANGÉLIQUE, *à Valère, donnant la main à Dorante*
      A jamais je vous laisse.
Si vous êtes heureux au jeu comme en maîtresse,
Et si vous conservez aussi mal ses présents,
Vous ne ferez, je crois, fortune de long-temps.

MADAME LA RESSOURCE, *à Dorante.*

Et mon portrait, monsieur, vous plaît-il me le rendre?

DORANTE.

Vous n'aurez rien perdu dans ces lieux pour attendre;

ACTE V, SCÈNE IX.

Ni toi, Nérine, aussi. Suivez-moi toutes deux.
(à Valère.)
Quelque autre fois, monsieur, vous serez plus heureux.
(Il sort.)

SCÈNE X.

Mme LA RESSOURCE, VALÈRE, NÉRINE, HECTOR.

MADAME LA RESSOURCE, *faisant la révérence à Valère.*

En toute occasion soyez sûr de mon zèle. (*Elle sort.*)
HECTOR, *à madame la Ressource*
Adieu, tison d'enfer, fesse-mathieu femelle.

SCÈNE XI.

NÉRINE, VALÈRE, HECTOR.

NÉRINE, *à Valère.*
Grace au ciel, ma maîtresse a tiré son enjeu :
Vous épouser, monsieur, c'étoit jouer gros jeu.
(*Elle sort, en lui faisant la révérence.*)

SCÈNE XII.

VALÈRE, HECTOR.

(*Hector fait la révérence à son maître, et va pour sortir.*)

VALÈRE.
Où vas-tu donc ?

HECTOR.
Je vais à la bibliothèque
Prendre un livre, et vous lire un traité de Sénèque.

VALÈRE.
Va, va, consolons-nous, Hector; et quelque jour
Le jeu m'acquittera des pertes de l'amour.

FIN DU JOUEUR.

LE DISTRAIT,

COMÉDIE

EN CINQ ACTES ET EN VERS.

1697.

PERSONNAGES.

LÉANDRE, Distrait
CLARICE, amante de Léandre.
MADAME GROGNAC.
ISABELLE, fille de madame Grognac.
LE CHEVALIER, frère de Clarice, et amant d'Isabelle.
VALÈRE, oncle de Clarice et du chevalier.
LISETTE, servante d'Isabelle.
CARLIN, valet de Léandre
UN LAQUAIS.

La scène est à Paris, dans une maison commune

LE DISTRAIT,
COMÉDIE.

ACTE PREMIER.

SCÈNE I.
VALÈRE, Mme GROGNAC.

VALÈRE.

Quoi ! toujours opposée à toute une famille ?

MADAME GROGNAC.

Oui.

VALÈRE.

Vous ne voulez point marier votre fille ?

MADAME GROGNAC.

Non.

VALÈRE.

Quand on vous en parle, on vous met en courroux ?

MADAME GROGNAC.

Oui.

VALÈRE.

Vous ne prendrez point des sentiments plus doux ?

MADAME GROGNAC.

Non.

VALÈRE.

Fort bien ! Non, oui, non : beau discours ! Vos répliques

Me paroissent, pour moi, tout-à-fait laconiques.
Mais, pour mieux raisonner avec vous là-dessus,
Et pour rendre un moment le discours plus diffus,
Dites-moi, s'il vous plaît, la véritable cause
Qui vous fait rejeter les partis qu'on propose :
Ce fameux partisan, par exemple, pourquoi...

MADAME GROGNAC.

Eh fi ! monsieur, fi donc ! vous radotez, je croi ;
Il est trop riche.

VALÈRE.

Ah ! ah ! nouvelle est la maxime.

MADAME GROGNAC.

Gagne-t-on en cinq ans un million sans crime ?
Je hais ces fort-vêtus qui, malgré tout leur bien,
Sont un jour quelque chose, et le lendemain rien.

VALÈRE.

Et ce jeune marquis, cet homme d'importance,
Vous ne lui pouvez pas reprocher sa naissance ;
Il a les airs de cour, parle haut, chante, rit ;
Il est bien fait ; il a du cœur et de l'esprit.

MADAME GROGNAC.

Il est trop gueux.

VALÈRE.

Fort bien ! La réponse est honnête ;
Et vous avez toujours quelque défaite prête.
Il s'offre deux partis, vous les chassez tous deux :
Le premier est trop riche, et le second trop gueux.
Dans vos brusques humeurs je ne puis vous comprendre.
Comment prétendez-vous que soit fait votre gendre ?

MADAME GROGNAC.

Je prétends qu'il soit fait comme on n'en trouve point ;
Qu'il soit posé, discret, accompli de tout point ;

ACTE I, SCÈNE I.

Qu'il ait, avec du bien, une honnête naissance ;
Qu'il ne fasse point voir ces traits de pétulance,
Ces actions de fou, ces airs évaporés,
Dignes productions des cerveaux mal timbrés ;
Qu'il ait auprès du sexe un peu de politesse ;
Qu'il mêle à ses discours certain air de sagesse ;
Qu'il ne soit point enfin, pour tout dire de lui,
Comme les jeunes gens que je vois aujourd'hui.

VALÈRE.

Cet homme à rencontrer sera très difficile ;
Et si vous le trouvez, je vous tiens fort habile.
Vous nous en faites voir un rare et beau portrait :
Et, si vous ne voulez de gendre qu'ainsi fait,
Quoiqu'Isabelle soit et riche et de famille,
Elle court grand hasard de vivre et mourir fille.

MADAME GROGNAC.

Non ; Léandre est l'époux que je veux lui donner.

VALÈRE.

Léandre !

MADAME GROGNAC.

Ce parti semble vous étonner !
Mais c'est un fait, monsieur, dont peu je me soucie ;
Et je le trouve, moi, selon ma fantaisie.
Je sais bien qu'à parler de lui sans passion,
Il est particulier en sa distraction ;
Il répond rarement à ce qu'on lui propose ;
On ne le voit jamais à lui dans nulle chose :
Mais ce n'est pas un crime enfin d'être ainsi fait.
On peut être, à mon sens, homme sage et distrait.

VALÈRE.

Je croyois, à parler aussi sans artifice,
Qu'il avoit quelque goût pour ma nièce Clarice.

11.

MADAME GROGNAC.

Oh bien ! je vous apprends que vous vous abusiez;
Et, pour vous détromper, il faut que vous sachiez
Que je suis dès long-temps liée à sa famille ;
Et que, pour m'engager à lui donner ma fille
L'oncle dont il attend sa fortune et son bien
D'un dédit mutuel cimenta ce lien.
Léandre est allé voir cet oncle à l'agonie;
Et j'attends son retour pour la cérémonie.
Si je n'avois en vue un tel engagement,
Il n'auroit pas chez moi pris un appartement.
Vous, qui logez céans avecque votre nièce,
Vous êtes tous les jours témoin de sa tendresse.

VALÈRE.

Mais m'assurerez-vous que Léandre en son cœur,
Malgré votre dédit, n'ait point une autre ardeur;
Et que, d'une autre part, votre fille Isabelle
A vos intentions n'ait pas un cœur rebelle

MADAME GROGNAC.

Léandre aime ma fille ; et ma fille fera,
Lorsque j'aurai parlé, tout ce qu'il me plaira.
C'est une fille simple, à mes désirs sujette :
Et je voudrois bien voir qu'elle eût quelque amourette !

VALÈRE.

Il faut que sur ce point nous la fassions parler.
Son cœur s'expliquera sans rien dissimuler.

MADAME GROGNAC.

D'accord. Lisette, holà, Lisette. De la vie
On ne vit dans Paris femme si mal servie.
Lisette.

SCÈNE II.

LISETTE, Mme GROGNAC, VALÈRE.

LISETTE.

Eh bien, Lisette ! Est-ce fait ? me voilà.

MADAME GROGNAC.

Que fait ma fille ?

LISETTE.

Quoi ! ce n'est que pour cela ?
Vous avez bonne voix. Quel bruit ! A vous entendre
J'ai cru qu'à la maison le feu venoit de prendre.

MADAME GROGNAC.

Vous plairoit-il vous taire, et finir vos discours ?

LISETTE.

Oh ! vous grondez sans cesse !

MADAME GROGNAC.

Et vous parlez toujours.
Répondez seulement à ce que l'on souhaite.
Que fait ma fille ?

LISETTE.

Elle est, madame, à sa toilette.

MADAME GROGNAC.

Toujours à sa toilette, et devant un miroir !
Voilà tout son emploi du matin jusqu'au soir.

LISETTE.

Vous parlez bien à l'aise, avec votre censure.
Il m'a fallu trois fois réformer sa coiffure :
Nous avons toutes deux enragé tout le jour
Contre un maudit crochet qui prenoit mal son tour.

MADAME GROGNAC.

Belle occupation, vraiment ! Qu'elle descende.
Dites-lui de ma part qu'ici je la demande.

LISETTE.

Je vais vous l'amener.

SCÈNE III.

VALÈRE, Mme GROGNAC.

VALÈRE.

N'ALLEZ pas la gronder,
Ni par votre air sévère ici l'intimider.

MADAME GROGNAC.

Mon dieu ! je sais assez comme il faut se conduire,
Et je ne dirai rien que ce qu'il faudra dire.
La voilà : vous verrez quels sont ses sentiments.

SCÈNE IV.

ISABELLE, LISETTE, Mme GROGNAC, VALÈRE.

MADAME GROGNAC, *à Isabelle.*

VENEZ, mademoiselle, et saluez les gens.
(*Isabelle fait la révérence.*)
Encor plus bas. O ciel ! quelle ignorance !
N'savoir pas encor faire la révérence
Depuis trois ans et plus qu'elle apprend à danser !

LISETTE.

Son maître tous les jours vient pourtant l'exercer :
Mais que peut-on apprendre en trois ans ?

MADAME GROGNAC, *à Lisette.*
A se taire.

LISETTE, *bas.*

Elle a bien aujourd'hui l'esprit atrabilaire.
(*haut.*)
Nous attendons encore un maître italien,
Qui doit venir tantôt.

MADAME GROGNAC, *à Lisette.*
Je vous le défends bien :
Je ne veux point chez moi gens de cette sequelle ;
Ce sont courtiers d'amour pour une demoiselle.
(*à Isabelle.*)
Levez la tête. Encor. Soyez droite. Approchez.
Faut-il tendre toujours le dos, quand vous marchez ?
Présentez mieux la gorge, et baissez cette épaule.

LISETTE, *à part.*

C'est du soir au matin un éternel contrôle.

MADAME GROGNAC, *à Isabelle.*

Avancez, s'il vous plaît, et répondez à tout.
Parlez ; le mariage est-il de votre goût ?
(*Isabelle rit.*)

VALÈRE

Elle rit. Bon, tant mieux ; j'en tire un bon augure.

LISETTE.

Voilà ce qui s'appelle un ris d'après nature.

MADAME GROGNAC, *à Isabelle.*

Quoi ! vous avez le front de rire, et devant nous !
Vous ne rougissez pas quand on parle d'époux !

ISABELLE.

J'ignorois qu'une fille, au mot de mariage,
D'une prompte rougeur dût couvrir son visage.

Je dois vous obéir; et, quand je l'entendrai,
Puisque vous le voulez, d'abord je rougirai.

LISETTE, *à part.*

Quel heureux naturel !

MADAME GROGNAC, *à Isabelle.*

Les époux sont bizarres,
Brutaux, capricieux, impérieux, avares.
On devroit s'en passer, si l'on avoit bon sens.

ISABELLE.

N'étoient-ils pas ainsi tous faits de votre temps ?
Vous n'avez pas laissé d'en prendre un, étant fille.

MADAME GROGNAC.

Vous êtes dans l'erreur. Rodillard de Choupille,
Noble au bec de corbin, grand gruyer de Berry
Et qui fut votre père, étant bien mon mari,
M'enleva malgré moi; sans cela, de ma vie,
De me donner un maître il ne m'eût pris envie.

LISETTE.

La même chose un jour pourra nous arriver.

ISABELLE.

On ne fait donc point mal à se faire enlever ?

MADAME GROGNAC.

Eh bien ! vit-on jamais un esprit plus reptile ?
Puis-je avoir jamais fait une telle imbécile ?
C'est une grosse bête, et qui n'est propre à rien.

LISETTE, *à part.*

Elle est bien votre fille, et vous ressemble bien.

MADAME GROGNAC, *à Lisette.*

Euh ! Plaît-il ?

LISETTE.

Vous m'avez ordonné le silence.

ACTE I, SCÈNE IV.

MADAME GROGNAC.

Vous pourriez à la fin lasser ma patience.

VALÈRE, *à madame Grognac.*

Je veux plus doucement la sonder sur ce point.

(*à Isabelle.*)

Voulez-vous un mari ?

ISABELLE.

Je n'en demande point ;
Mais, s'il s'en rencontroit quelqu'un qui pût me plaire,
Je pourrois l'accepter, ainsi qu'a fait ma mère.

MADAME GROGNAC, *à Isabelle.*

Comment donc ?

VALÈRE, *à madame Grognac.*

Avec elle agissons sans aigreur.

(*à Isabelle.*)

Çà, dites-moi, quelqu'un vous tiendroit-il au cœur ?

ISABELLE.

Ah !

LISETTE, *à Isabelle.*

Bon, courage !

VALÈRE, *à Isabelle.*

Allons, parlez-nous sans rien craindre.

ISABELLE.

Je sens, lorsque je vois un petit homme à peindre...

VALÈRE.

Eh bien donc !

ISABELLE.

Je sens là je ne sais quoi qui plait ;
Mais je ne saurois bien vous dire ce que c'est.

LISETTE.

Oh ! je le sais bien, moi ; c'est l'amour qui murmure.

MADAME GROGNAC, *à Isabelle.*
J'apprends avec plaisir une telle aventure.
Et quel est, s'il vous plaît, ce jeune adolescent
Qui vous fait ressentir ce mouvement naissant?

ISABELLE.
Ah! si vous le voyiez, vous l'aimeriez vous-même.
Il me dit tous les jours qu'il m'estime, qu'il m'aime;
Il pleure, quand il veut. Tu sais comme il est fait
Lisette; et tu nous peux en faire le portrait.

LISETTE.
C'est un petit jeune homme à quatre pieds de terre,
Homme de qualité, qui revient de la guerre;
Qu'on voit toujours sautant, dansant, gesticulant;
Qui vous parle en sifflant, et qui siffle en parlant;
Se peigne, chante, rit, se promène, s'agite;
Qui décide toujours pour son propre mérite;
Qui près du sexe encor vit assez sans façon.

VALÈRE.
Mais, c'est le chevalier.

LISETTE.
Vous avez dit son nom.

MADAME GROGNAC.
Qui? ce fou?

VALÈRE.
S'il n'a pas le bonheur de vous plaire,
Songez qu'il m'appartient. C'est un jeune homme à faire!
Il a de la valeur; il est bien à la cour.

MADAME GROGNAC.
Qu'il s'y tienne.

VALÈRE
Il sera très riche quelque jour :
Il peut lui convenir d'esprit, de bien, et d'âge.

ACTE I, SCÈNE IV.

ISABELLE.

Il est tout fait pour moi, l'on ne peut davantage.

MADAME GROGNAC, *à Isabelle.*

De quel front, s'il vous plaît, sans mon consentement,
Osez-vous bien penser à quelque attachement?
Vous êtes bien hardie et bien impertinente!

VALÈRE.

L'amour du chevalier pourroit être innocente.

MADAME GROGNAC.

L'amour du chevalier n'est point du tout mon fait;
J'ai fait, pour son mari, choix d'un autre sujet :
Le dédit pour Léandre en est une assurance.
Que votre chevalier cherche une autre alliance :
Je ne l'ai jamais vu; mais on m'en a parlé
Comme d'un petit fat et d'un écervelé;
Et je vous défends, moi, de le voir de la vie.

ISABELLE.

Je ne le verrai point, vous serez obéie;
Mes yeux trop curieux n'iront point le chercher :
Mais lui, s'il me veut voir, puis-je l'en empêcher?

MADAME GROGNAC.

A ces simplicités qui sortent de sa bouche,
A cet air si naïf, croiroit-on qu'elle y touche?
Mais c'est une eau qui dort, dont il faut se garder.

ISABELLE.

Vous êtes avec moi toujours prête à gronder.
Je parois toute sotte alors qu'on me querelle,
Et cela me maigrit

MADAME GROGNAC.

Taisez-vous, Péronelle.
Rentrez; et là-dedans allez voir si j'y suis.

VALÈRE.

Si vous vouliez pourtant écouter quelque avis...

MADAME GROGNAC.

Je ne prends point d'avis ; je suis indépendante.

VALÈRE.

Je le sais ; mais...

MADAME GROGNAC.

Adieu. Je suis votre servante.

VALÈRE.

Mais, madame, entre nous, il est de la raison...

MADAME GROGNAC.

Mais, monsieur, entre nous, quand de votre façon
Vous aurez, s'il se peut encor, garçon ou fille,
Je n'irai point chez vous régler votre famille ;
De vos enfants alors vous pourrez disposer
Tout à votre plaisir, sans que j'aille y gloser.
  (*à Isabelle.*)
Allons vite, rentrez : faites ce qu'on ordonne.

SCÈNE V.
VALÈRE, LISETTE.

LISETTE.

LA madame Grognac a l'humeur hérissonne ;
Et je ne vois pas, moi, son esprit se porter
A l'hymen que tantôt vous vouliez contracter.

VALÈRE.

J'avois dessein de faire une double alliance ;
Mais ce dédit fâcheux étourdit ma prudence.
Léandre a pour Clarice un penchant dans le cœur ;
Et si pour Isabelle il a feint quelque ardeur
C'étoit pour obéir à la voix importune

ACTE I, SCÈNE V,

D'un oncle fort âgé, dont dépend sa fortune.

LISETTE.

La mère d'Isabelle est un diable en procès ;
Je crains que notre amour n'ait un mauvais succès.

VALÈRE.

Le temps et la raison la changeront peut-être ;
Et mon neveu pourra... Mais je le vois paroître.

SCÈNE VI.

LE CHEVALIER, VALÈRE, LISETTE.

LE CHEVALIER, *riant.*

Bon jour, mon oncle. Ah ! ah ! Lisette, te voilà !
Je ne veux de ma vie oublier celui-là

LISETTE, *au chevalier.*

Faites-nous, s'il vous plaît, la grace de nous dire
Le sujet si plaisant qui vous excite à rire.

LE CHEVALIER.

Oh ! parbleu, si je ris, ce n'est pas sans sujet.
Léandre, ce rêveur, cet homme si distrait,
Vient d'arriver en poste ici couvert de crotte ;
Le bon est qu'en courant il a perdu sa botte,
Et que, marchant toujours, enfin il s'est trouvé
Une botte de moins quand il est arrivé.

LISETTE.

De ces distractions il est assez capable.

LE CHEVALIER.

L'aventure est comique, ou je me donne au diable.
Mais ce n'est rien encore ; et son valet m'a dit
(Je le crois aisément) que le jour qu'il partit
Pour aller voir mourir son oncle en Normandie,
Il suivit le chemin qui mène en Picardie,

Et ne s'aperçut point de sa distraction
Que quand il découvrit les clochers de Noyon.

LISETTE.

Il a pris le plus long pour faire sa visite.

LE CHEVALIER, à *Valère*.

Fussiez-vous descendu du lugubre Héraclite
De père en fils, parbleu, vous rirez de ce trait.
Vous faites le Caton ; riez donc tout-à-fait,
Mon oncle ; allons gai, gai ; vous avez l'air sauvage.

VALÈRE.

Vous, n'aurez-vous jamais celui d'un homme sage ?
Faudra-t-il qu'en tous lieux vos airs extravagants,
Vos ris immodérés, donnent à rire aux gens ?

LE CHEVALIER.

Si quelqu'un rit de moi, moi, je ris de bien d'autres.
Vous condamnez mes airs, et je blâme les vôtres ;
Et, dans ce beau conflit, ce que je trouve bon,
C'est que nous prétendons avoir tous deux raison.
Pour moi, je n'ai pas tort. Il faut bien que je rie
De tout ce que je vois tous les jours dans la vie.
Cette vieille qui va marchander des galants,
Comme un autre feroit du drap chez les marchands ;
Cidalise, qu'on sait avoir l'ame si bonne,
Qu'elle aime tout le monde et n'éconduit personne ;
Lucinde, qui, pour rendre un adieu plus touchant,
Jusque sur la frontière accompagne un amant,
Ne sont pas des sujets qui doivent faire rire ?
Parbleu, vous vous moquez.

VALÈRE.

Eh bien ! votre satire
S'exerce-t-elle assez ? D'un trait envenimé
Toujours l'honneur du sexe est par vous entamé ;

Celles dont vous vantez mille faveurs reçues,
De vos jours bien souvent vous ne les avez vues.
Sur ce cruel défaut ne changerez-vous point ?

LE CHEVALIER *fait deux ou trois pas de ballet.*
Il ne prêche pas mal. Passez au second point,
Je suis déjà charmé. Que dis-tu de ma danse,
Lisette ?

LISETTE.
Vous dansez tout-à-fait en cadence.

VALÈRE.
Vous vous faites honneur d'être un franc libertin ;
Vous mettez votre gloire à tenir bien du vin ;
Et lorsque, tout fumant d'une vineuse haleine,
Sur vos pieds chancelants vous vous tenez à peine
Sur un théâtre alors vous venez vous montrer.
Là, parmi vos pareils on vous voit folâtrer ;
Vous allez vous baiser comme des demoiselles ;
Et, pour vous faire voir jusque sur les chandelles,
Poussant l'un, heurtant l'autre, et comptant vos exploits,
Plus haut que les acteurs vous élevez la voix ;
Et tout Paris, témoin de vos traits de folie,
Rit plus cent fois de vous que de la comédie.

LE CHEVALIER.
Votre troisième point sera-t-il le plus fort ?
Soyez bref en tout cas, car Lisette s'endort ;
Moi, je bâille déjà.

VALÈRE.
Moi, votre train de vie
Cent fois bien autrement et me lasse et m'ennuie ;
Et je serai contraint de faire à votre sœur
Le bien que je voulois faire en votre faveur.
Votre père, en mourant, ainsi que votre mère,

Vous laissèrent de bien une somme légère ;
Et, pour vous établir le reste de vos jours,
Vous devez de moi seul attendre du secours.

LE CHEVALIER.

Mais que fais-je donc tant, monsieur, ne vous déplaise,
Pour trouver ma conduite à tel excès mauvaise ?
J'aime, je bois, je joue, et ne vois en cela
Rien qui puisse attirer ces réprimandes-là ;
Je me lève fort tard, et je donne audience
A tous mes créanciers.

LISETTE.

Oui ; mais, en récompense,
Vous donnez peu d'argent.

LE CHEVALIER.

De là je pars sans bruit,
Quand le jour diminue et fait place à la nuit,
Avec quelques amis, et nombre de bouteilles,
Que nous faisons porter, pour adoucir nos veilles,
Chez des femmes de bien, dont l'honneur est entier,
Et qui de leur vertu parfument le quartier.
Là, nous passons la nuit d'une ardeur sans égale ;
Nous sortons au grand jour pour ôter tout scandale ;
Et chacun, en bon ordre, aussi sage que moi,
Sans bruit, au petit pas se retire chez soi.
Cette vie innocente est-elle condamnée ?
Ne faire qu'un repas dans toute une journée !
Un malade, entre nous, se conduiroit-il mieux ?

LISETTE.

Vous êtes trop réglé.

LE CHEVALIER, à Valère.

Voyez-le par vos yeux.
Nous sommes cinq amis que la joie accompagne,

ACTE I, SCÈNE VI.

Qui travaillons ce soir en bon vin de Champagne;
Vous serez le sixième; et vous paierez pour nous :
Car à cinq chevaliers, en nous cotisant tous,
Et ramassant écus, livres, deniers, oboles,
Nous n'avons encor pu faire que deux pistoles.

LISETTE.

Heureux le cabaret, monsieur, qui vous attend!
Vous voilà cinq seigneurs bien en argent comptant!

VALÈRE.

Mais n'êtes-vous pas fou...

LE CHEVALIER.

A propos de folie,
Savez-vous que dans peu, monsieur, je me marie?
 (à Lisette.)
Comment gouvernes-tu cet objet de mes vœux?

LISETTE.

Monsieur...

LE CHEVALIER.

S'apprête-t-elle à couronner mes feux ?
C'est un petit bijou que toute sa personne,
Que je veux mettre en œuvre, et que j'affectionne.
 (à Valère.)
Elle est jeune, elle est riche; et de la tête aux pieds
Vous en seriez charmé, si vous la connoissiez.

VALÈRE.

Je la connois; mais vous, connoissez-vous sa mère
Elle ne prétend pas songer à cette affaire.

LE CHEVALIER.

Elle ne prétend pas! Il faut que nous voyions
Qui des deux doit avoir quelques prétentions.
Elle ne prétend pas! Parbleu, le mot me touche :
Je veux apprivoiser cet animal farouche.

LISETTE.

L'apprivoiser, monsieur? vous perdrez votre temps,
Et vous prendrez plutôt la lune avec les dents.

LE CHEVALIER, *à Lisette.*

Nous allons voir : suis-moi.

VALÈRE.

Hé! doucement, de grace;
Ralentissez un peu cette amoureuse audace.
A vous voir on vous croit partir pour un assaut :
Et chez les gens ainsi s'en va-t-on de plein saut?

LE CHEVALIER.

Elle ne prétend pas! ah! vous pouvez lui dire
Que nous sommes instruits comme il faut se conduire;
Et nous savons la règle établie en tel cas.
Je la trouve admirable, elle ne prétend pas!

VALÈRE.

Je n'épargnerai rien pour la rendre capable
De prendre à votre amour un parti convenable.
Vous, cependant, tâchez, avec des airs plus doux,
A mériter le choix qu'on peut faire de vous.

LE CHEVALIER.

J'y penserai, mon oncle. Adieu.

SCÈNE VII

LE CHEVALIER, LISETTE.

LE CHEVALIER.

Toi, fine mouche,
Va conter mon amour à l'objet qui me touche.
Une affaire à présent m'empêche de le voir :
Je vais tâter du vin dont nous boirons ce soir
Une ample effusion; et cependant, la belle,

ACTE I, SCÈNE VII.

Accepte ce baiser de moi pour Isabelle.
     (*Il veut la baiser.*)

LISETTE.

Modérez les transports de vos convulsions :
Je ne me charge point de vos commissions ;
Donnez-les à quelque autre, ou faites-les vous-même.

LE CHEVALIER.

J'adore ta maîtresse, et je sens que je t'aime
Aussi par contre-coup.

LISETTE.

    Monsieur, retirez-vous,
Vous pourriez me blesser ; je crains les contre-coups.

SCÈNE VIII.

LISETTE.

Quel amant ! Pour raison importante il diffère
D'aller voir sa maîtresse ; et quelle est cette affaire ?
Il va tâter du vin ! Ma foi, les jeunes gens,
A ne rien déguiser, aiment bien en ce temps !
Heu ! les femmes, déjà si souvent attrapées,
Seront-elles encor par les hommes dupées ?
Aimera-t-on toujours ces petits vilains-là ?
Maudit soit le premier qui nous ensorcela !
Mais à bon chat bon rat ; et ce n'est pas merveille,
Si les femmes souvent leur rendent la pareille.

FIN DU PREMIER ACTE.

ACTE SECOND.

SCÈNE I.

LISETTE, CARLIN.

LISETTE.

Avec plaisir, Carlin, je te vois dans ces lieux.

CARLIN.

Fraîchement débarqué, je parois à tes yeux ;
Et mes cheveux encor sont sous la papillote.

LISETTE.

Eh bien ! ton maître enfin a-t-il trouvé sa botte ?

CARLIN.

Et qui diable déjà t'a conté de ses tours ?

LISETTE.

Je sais tout.

CARLIN.

Il m'en fait bien d'autres tous les jours.
Hier encore, en mangeant un œuf sur son assiette,
Il prit, sans y songer, son doigt pour sa mouillette,
Et se mordit, morbleu, jusques au sang

LISETTE.

Je crois.

Qu'il n'y retourna pas une seconde fois.

CARLIN.

Sortant d'une maison, l'autre jour, par bévue,
Pour son carrosse il prit celui qui dans la rue
Se trouva le premier : le cocher touche, et croit
Qu'il mène son vrai maître à son logis tout droit.

Léandre arrive, il monte, il va, rien ne l'arrête ;
Il entre en une chambre où la toilette est prête,
Où la dame du lieu, qui ne s'endormoit pas,
Attendoit son époux couchée entre deux draps.
Il croit être en sa chambre, et, d'un air de franchise,
Assez diligemment il se met en chemise,
Prend la robe de chambre, et le bonnet de nuit ;
Et bientôt il alloit se mettre dans le lit,
Lorsque l'époux arrive. Il tempête, il s'emporte,
Le veut faire sortir, mais non pas par la porte ;
Quand mon maître étonné se sauva de ce lieu
Tout en robe de chambre, ainsi qu'il plut à Dieu.
Mais un moment plus tard, pour t'achever mon conte,
Le maître du logis en avoit pour son compte.

LISETTE.

Ton récit est charmant. Mais, raillerie à part,
Dis-moi, qu'avez-vous fait depuis votre départ ?

CARLIN.

Nous venons, mon enfant, de courre un bénéfice.

LISETTE.

Un bénéfice, toi ?

CARLIN.

Pour te rendre service.
Mais nos soins empressés ne nous ont rien valu ;
Et le diable a sur nous jeté son dévolu.

LISETTE.

Explique-toi donc mieux.

CARLIN.

Ah ! Lisette, j'enrage.
Notre espoir dans le port vient de faire naufrage.
Nous croyions hériter, du côté maternel,
D'un oncle... ah, ciel ! quel oncle ! il est oncle éternel.

Nous attendions en paix que son amé à toute heure
Passât de cette vie en une autre meilleure ;
Nous le laissions mourir à sa commodité,
Quand, un beau jour enfin, le ciel, par charité,
A fait tomber sur lui deux ou trois pleurésies,
Qu'escortoient en chemin nombre d'apoplexies.
Nous partons aussitôt, faisant par-tout *flores*,
Sûrs de trouver déjà le bon homme *ad patres*.
Mais fol et vain espoir! vermisseaux que nous sommes!
Comme le ciel se rit des vains projets des hommes!
Écoute la noirceur de ce maudit vieillard.

LISETTE.

Vous êtes arrivés sans doute un peu trop tard;
Et quelque autre avant vous....

CARLIN.

Non.

LISETTE.

Il auroit peut-être
En faveur de quelqu'un déshérité ton maître ?

CARLIN.

Point.

LISETTE.

Il a déclaré, se voyant sur sa fin,
Quelque enfant provenu d'un hymen clandestin ?

CARLIN.

Non : il ne fit jamais d'enfants par avarice.

LISETTE.

Parle donc, si tu veux.

CARLIN.

Le vieillard, par malice,
Malgré nos vœux ardents, n'a pas voulu mourir.

LISETTE.

Le trait est vraiment noir, et ne se peut souffrir.

CARLIN.

Par trois fois de ma main il a pris l'émétique;
Et je n'en donnois pas une dose modique.
J'y mettois double charge, afin que par mes soins
Le pauvre agonisant en languît un peu moins :
Mais par trois fois le sort, injuste, inexorable,
N'a point donné les mains à ce soin charitable;
Et le bon homme enfin, à quatre-vingt-neuf ans,
Malgré sa fièvre lente et ses redoublements,
Sa fluxion, son rhume, et ses apoplexies,
Son crachement de sang, et ses trois pleurésies,
Sa goutte, sa gravelle, et son prochain convoi
Déjà tout préparé, se porte mieux que moi.

LISETTE.

Votre course n'a pas produit grand avantage.

CARLIN.

Nous en avons été pour les frais du voyage.
Mais nous avons laissé Poitevin tout exprès
Pour prendre sur les lieux nos petits intérêts :
Il doit de temps en temps nous donner des nouvelles,
Et nous nous conduirons par ses avis fidèles.

LISETTE.

Sans avoir donc rien fait vous voilà de retour !
Je vous applaudis fort. Mais comment va l'amour?
Ton maître aime toujours?

CARLIN.

    Cela n'est pas croyable.
Je le vois pour Clarice amoureux comme un diable,
C'est-à-dire beaucoup; mais, comme il est distrait
Son esprit se promène encor sur quelque objet.

LE DISTRAIT

Le dédit que son oncle a fait pour Isabelle
Partage son amour, et le tient en cervelle.
Je sais que ta maîtresse a de naissants appas,
Et sur-tout de grands biens, que Clarice n'a pas ;
Mais mon maître est fidèle, et son ame est pétrie
De la plus fine fleur de la galanterie :
Il ne ressemble pas à quantité d'amants ;
C'est un homme, morbleu, tout plein de sentiments.

LISETTE.

Mais, s'il aime Clarice ensemble et ma maîtresse,
Que puis-je faire, moi, pour servir sa tendresse ?
Les épousera-t-il toutes deux ?

CARLIN.

Pourquoi non ?
Il le fera fort bien en sa distraction.
C'est un homme étonnant et rare en son espèce :
Il rêve fort à rien, il s'égare sans cesse ;
Il cherche, il trouve, il brouille, il regarde sans voir ;
Quand on lui parle blanc, soudain il répond noir ;
Il vous dit non pour oui, oui pour non ; il appelle
Une femme, monsieur, et moi, mademoiselle ;
Prend souvent l'un pour l'autre ; il va sans savoir où.
On dit qu'il est distrait, mais moi, je le tiens fou :
D'ailleurs fort honnête homme, à ses devoirs austère,
Exact, et bon ami, généreux, doux, sincère,
Aimant, comme j'ai dit, sa maîtresse en héros :
Il est et sage et fou ; voilà l'homme en deux mots.

LISETTE.

Si Léandre ressent une tendresse extrême
Pour Clarice, Isabelle est prise ailleurs de même,
Et pour le chevalier son cœur s'est découvert.

CARLIN.

Tant mieux. Il nous faudra travailler de concert
Pour détourner le coup de ce dédit funeste ;
Et l'amour avec nous achèvera le reste.

LISETTE.

De tes soins empressés nous attendrons l'effet.

CARLIN.

Soit. Adieu donc. Mon maître est dans son cabinet ;
Il m'attend. J'ai voulu, comme le cas me touche,
Apprendre, en arrivant, ta santé par ta bouche.

LISETTE.

Je me porte là là : mais toi ?

CARLIN.

                Coussi, coussi.
En très bonne santé j'arriverois ici,
Si je n'étois porteur d'une large écorchure.

LISETTE.

Bon ! c'est des postillons l'ordinaire aventure.
Jusqu'au revoir. Adieu, courrier malencontreux.
                (*Elle sort.*)

CARLIN.

Mon grand mal est celui que m'ont fait tes beaux yeux ;
Mon cœur est plus navré de ton humeur légère.

SCÈNE II.

CARLIN.

Cette friponne-là feroit bien mon affaire.
Mais mon maître paroît ; il tourne ici ses pas.

SCÈNE III.

LÉANDRE, CARLIN.

CARLIN.

Il rêve, il parle seul, et ne m'aperçoit pas.
LÉANDRE, *se promenant sur le théâtre en rêvant,
un de ses bas déroulé.*
Je ne sais si l'absence, aux amants peu propice,
Ne m'a point effacé de l'esprit de Clarice.
On en trouve bien peu de ces cœurs généreux
Qui dans l'éloignement sachent garder leurs feux ;
Un moment les éteint, ainsi qu'il les fit naître.

CARLIN.

Me mettant face à face, il me verra peut-être.
LÉANDRE *heurte Carlin sans s'en apercevoir.*
Je serois bien à plaindre, aimant comme je fais,
Qu'un autre profitât du fruit de ses attraits.
Plus je ressens d'amour, plus j'ai d'inquiétude.
Je ne puis demeurer dans cette incertitude ;
Je veux entrer chez elle et sans perdre de temps.
Carlin, va me chercher mon épée et mes gants.

CARLIN.

J'y cours, et je reviens, monsieur, à l'heure même.

SCÈNE IV.

LÉANDRE.

Je suis plus que jamais dans une peine extrême.
Si mon oncle fût mort, j'aurois, à mon retour,
Disposé de mon cœur en faveur de l'amour ;
Mais je vois tout d'un coup mon attente trompée.

SCÈNE V.

CARLIN, LÉANDRE.

CARLIN.

Je ne trouve, monsieur, ni les gants ni l'épée.

LÉANDRE.

Tu ne les trouves point ! Voilà comme tu fais !
Ce qu'on te voit chercher ne se trouve jamais.
Je te dis qu'à l'instant ils étoient sur ma table.

CARLIN.

Mais j'ai cherché par-tout, ou je me donne au diable.
Il faut donc qu'un lutin soit venu les cacher.
(il s'aperçoit que Léandre a son épée et ses gants.)
Ah ! ah ! le tour est bon, et j'avois beau chercher.
Dormez-vous ? veillez-vous ?

LÉANDRE.

Quoi ! que veux-tu donc dire ?

CARLIN.

Fi donc ! arrêtez-vous ; monsieur, voulez-vous rire ?
(à part.)
Il en tient un peu là. Sa présence d'esprit
A chaque instant du jour me charme et me ravit.

LÉANDRE.

Mais dis-moi donc, maraud...

CARLIN.

Ah ! la belle équipée !
Hé ! Sont-ce là vos gants ? est-ce là votre épée ?

LÉANDRE.

Ah ! ah !

CARLIN.

Ah ! ah !

LÉANDRE.

Je rêve, et j'ai certain ennui...

CARLIN, *à part.*

Ce ne sera pas là le dernier d'aujourd'hui.

LÉANDRE.

Tout autre objet, Carlin, met mon cœur au supplice.
Je veux bien l'avouer, je n'aime que Clarice.
Ma famille prétend, attendu mes besoins,
Que j'épouse Isabelle, et je feins quelques soins.
Son bien me remettroit en fort bonne figure ;
Mais je brûle, Carlin, d'une flamme trop pure ;
Biens, fortune, intérêt, gloire, sceptre, grandeur,
Rien ne sauroit bannir Clarice de mon cœur :
Je ressens de la voir la plus ardente envie...
Quelle heure est-il ?

CARLIN.

Il est six heures et demie.

LÉANDRE.

Fort bien. Qui te l'a dit ?

CARLIN.

Comment, qui me l'a dit ?
(*à part.*)
Palsembleu, c'est l'horloge. Il perd, ma foi, l'esprit.

LÉANDRE, *riant.*

Mais connois-tu comment la chose est avenue,
Et par quel accident ma botte s'est perdue ?
Je l'avois ce matin en montant à cheval.

CARLIN.

Riez, c'est fort bien fait, le trait est sans égal.
Mais, à propos de botte, un sort doux et propice

ACTE II, SCÈNE V.

Tout à souhait ici vous amène Clarice.
Mettez de grace un frein à votre vertigo,
Et n'allez pas ici faire de quiproquo.

SCÈNE VI.

CLARICE, LÉANDRE, CARLIN.

LÉANDRE, *à Clarice.*

J'ALLOIS m'offrir à vous, flatté de l'espérance
D'adoucir les tourments de près d'un mois d'absence
Vous êtes à mes yeux plus belle que jamais ;
Chaque jour, chaque instant augmente vos attraits ;
A chaque instant aussi mon amoureuse flamme

(*à Carlin.*)

Croît comme vos appas... Un fauteuil à madame.

(*Carlin apporte un fauteuil, Léandre s'assied dessus.*)

CLARICE.

Chaque amant parle ainsi ; mais souvent, de retour,
Il oublie avec lui de ramener l'amour.
Notre sexe autrefois changeoit, c'étoit la mode ;
Le premier en amour il prit cette méthode :
Les hommes ont depuis trouvé cela si doux,
Qu'ils sont dans ce grand art bien plus savants que nous.

CARLIN, *voyant que son maître a pris le fauteuil, apporte un tabouret à Clarice.*

Madame, vous plaît-il de vous mettre à votre aise ?
Nous n'avons qu'un fauteuil ici, ne vous déplaise,
Et mon maître s'en sert, comme vous pouvez voir,

CLARICE, *à Carlin.*

Je te suis obligée, et ne veux point m'asseoir.

(*à Léandre.*)

Si je vous aimois moins, je serois plus tranquille :
A m'alarmer toujours l'amour me rend habile.
Je crains autant que j'aime ; et mes foibles appas
Sur vos distractions ne me rassurent pas.
J'appréhende en secret que quelque amour nouvelle..

LÉANDRE.

Non, je n'aime que vous, adorable Isabelle.

CARLIN, *bas, à Léandre.*

Isabelle ! Clarice.

LÉANDRE.

Et mes vœux les plus doux
Sont de passer mes jours et mourir avec vous.
Isabelle...

CARLIN, *bas, à Léandre.*

Clarice.

LÉANDRE.

A pour moi mille charmes ;
L'amour prend dans ses yeux ses plus puissantes armes;
Isabelle est...

CARLIN, *bas, à Léandre.*

Clarice.

LÉANDRE.

A mes yeux un tableau
De tout ce que le ciel fit jamais de plus beau.

CLARICE, *à Carlin.*

Qu'entends-je ? Justes dieux ! ton maître est infidèle!
Son erreur me fait voir qu'il adore Isabelle.
Je suis au désespoir ; et je sens dans mon cœur

ACTE II, SCÈNE VI.

Mon amour outragé se changer en fureur.

LÉANDRE, *sortant de sa rêverie.*

Quel sujet tout à coup vous a mise en colère,
Madame? Ce maraud a-t-il pu vous déplaire?

CLARICE.

Si quelqu'un me déplaît en ce moment, c'est vous.

LÉANDRE.

Moi?

CLARICE.

Vous.

LÉANDRE.

Quoi! Je pourrois exciter ce courroux?

CLARICE.

Vous êtes un ingrat, un lâche, un infidèle:
Suivez, servez, aimez, adorez Isabelle.

LÉANDRE, *à Carlin.*

Ah! maraud, qu'as-tu dit?

CARLIN.

Eh bien! ne voilà pas?
J'aurai fait tout le mal.

LÉANDRE, *à Clarice.*

J'adore vos appas;
Et je veux que du ciel la vengeance et la foudre
Me punisse à vos yeux, et me réduise en poudre,
Si mon cœur, tout à vous, adore un autre objet.

CARLIN.

Ne jurez pas, monsieur; vous êtes trop distrait.

CLARICE.

Vous aimez Isabelle; et de quelle assurance
Prononcez-vous un nom dont mon amour s'offense?

LÉANDRE.

J'ai parlé d'Isabelle? Hé! vous voulez, je croi,
Éprouver mon amour, ou vous railler de moi.
Moi, parler devant vous d'autre que de vous-même,
Vous, qui m'occupez seule, et que seule aussi j'aime!

CARLIN.

Il faudroit, par ma foi, qu'il eût perdu l'esprit.

LÉANDRE.

De ce cruel soupçon ma tendresse s'aigrit;
Vos yeux vous sont garants qu'il ne m'est pas possible
Que pour quelque autre objet je devienne sensible.
Ah! madame, à propos, vous avez quelque accès
Auprès du rapporteur que j'ai dans mon procès;
Écrivez-lui, de grace, un mot pour mon affaire.

CLARICE.

Volontiers.

CARLIN, *à part.*

A propos, est là fort nécessaire.

CLARICE.

Quels que soient vos discours pour me persuader,
J'aime trop pour ne pas toujours appréhender;
Mais ces distractions, qui vous sont naturelles,
Me rassurent un peu de mes frayeurs mortelles.
Je vous juge innocent, et crois que votre erreur
Provient de votre esprit plus que de votre cœur.

LÉANDRE.

Avec ces sentiments vous me rendez justice.

CARLIN, *à Clarice.*

Je suis sa caution, il n'a point de malice :
Mais le dédit pourroit traverser vos desseins.

ACTE II, SCÈNE VI.

CLARICE.

Mon oncle sur ce point nous prêtera les mains :
Il aime fort mon frère, et toute son envie
Seroit de voir un jour sa fortune établie ;
Pour lui-même à la cour il brigue un régiment.

LÉANDRE.

Je m'offre à le servir pour avoir l'agrément.

CARLIN.

Tout à propos ici le voilà qui se montre.

SCÈNE VII.

LE CHEVALIER, LÉANDRE, CLARICE, CARLIN.

LE CHEVALIER, *embrassant Léandre.*
Hé ! bon jour, mon ami. Quelle heureuse rencontre !

LÉANDRE, *au chevalier.* (*à Carlin.*)
Monsieur, avec plaisir... Quel est cet homme-là ?

CARLIN.

C'est le chevalier.

LÉANDRE.

Ah !

LE CHEVALIER.

Quoi ! ma sœur, te voilà ?
Je t'en sais fort bon gré. Viens-tu, par inventaire,
Du cœur de ton amant te porter héritière ?

CLARICE.

Mais dis-moi, seras-tu toujours fou, chevalier ?

LE CHEVALIER.

C'est un charmant objet qu'un nouvel héritier,
Et le noir est pour moi la couleur favorite :

Un amant en grand deuil a toujours son mérite;
Et quand, comme Carlin, on seroit mal formé,
Du moment qu'on hérite, on est sûr d'être aimé.

CARLIN.

Comment ! comme Carlin ! Sachez que, sans reproche
Votre comparaison est odieuse, et cloche.
Chacun vaut bien son prix. Carlin, dans certains cas,
Pour certains chevaliers ne se donneroit pas.

LE CHEVALIER, *à Carlin*.

Tu te fâches, mon cher ! il faut que je t'embrasse.
L'oncle a donc fait la chose enfin de bonne grace ?
As-tu trouvé le coffre à ton gré copieux ?
Ses écus, ses louis étoient-ils neufs ou vieux ?

CARLIN, *au chevalier*.

Nous n'y prenons pas garde, et toujours avec joie
Nous recevons l'argent tel que Dieu nous l'envoie.

LE CHEVALIER.

(*il chante.*)

Le bon homme est donc mort ! J'en ai bien du regret.

CLARICE.

Cela se voit assez.

CARLIN.

L'air vient fort au sujet.

LE CHEVALIER.

Je te le veux chanter; j'en ai fait la musique,
Et les vers, dont chacun vaut un poëme épique.

AIR.

« Je me console au cabaret
« Des rigueurs d'une Iris qui rit de ma tendresse;
« Là mon amour expire, et Bacchus en secret

ACTE II, SCENE VII.

« Succède aux droits de ma maîtresse.
« Là mon amour expire...

CARLIN.

Au cabaret, c'est là mourir au champ d'honneur.

LE CHEVALIER, *chantant.*

« Et Bacchus en secret
« Succède, succède...

Ce bémol est-il fin, et va-t-il droit au cœur ?

« Succède...

Qu'en dis-tu ?

CARLIN.

Mais je dis que dans cet air si doux
Bacchus est plus habile à succéder que nous.

LE CHEVALIER *répète.*

« Succède aux droits de ma maîtresse.

(*à Léandre.*)

Que vous semble, monsieur, et de l'air et des vers ?

LÉANDRE, *sortant de la rêverie où il a été pendant
la scène, prend Clarice par le bras, croyant parler
au chevalier, et la tire à un des bouts du théâtre.*

Vos intérêts en tout m'ont toujours été chers :
J'étois fort serviteur de monsieur votre père,
Et je veux vous servir de la bonne manière.

CLARICE, *à Léandre.*

Je me sens obligée à votre honnêteté.

LÉANDRE, *craignant d'être entendu, la ramène
l'autre côté du théâtre.*

Je crois que nous serions mieux de l'autre côté.

LE CHEVALIER *fait le même jeu de théâtre avec
Carlin.*

J'ai de ma part aussi quelque chose à te dire.

Il faut nous divertir...

CARLIN.

Que diantre ! est-ce pour rire ?

LÉANDRE, *à Clarice.*

Je suis, comme l'on sait, assez bien près du roi ;
Je veux vous faire avoir un régiment.

CLARICE.

A moi ?

LÉANDRE.

A vous-même.

LE CHEVALIER, *à Carlin.*

Ton maître au moins n'est pas trop sage.

CARLIN, *au chevalier.*

D'accord. Il vous ressemble en cela davantage.

LÉANDRE, *à Clarice.*

Vous avez du service, un nom, de la valeur :
Il faut vous distinguer dans un poste d'honneur.

CLARICE.

Mais regardez-moi bien.

LÉANDRE.

Ah ! je vous fais excuse,
Madame ; et maintenant je vois que je m'abuse.
J'ai cru qu'au chevalier...

LE CHEVALIER.

Ma sœur, un régiment !

CARLIN.

Ce seroit de milice un nouveau supplément ;
Et, si chaque famille armoit une coquette,
Cette troupe, je crois, seroit bientôt complète.

LE CHEVALIER.

Cet homme-là, ma sœur, t'aime à perdre l'esprit.

CLARICE.

Je m'en flatte en secret, du moins il me le dit.

LE CHEVALIER, *à Léandre.*

Je crois bien que vos vœux tendent au mariage :
Ma sœur en vaut la peine ; elle est belle, elle est sage.

LÉANDRE.

Ah ! monsieur, point du tout.

LE CHEVALIER.

Comment donc, point du tout ?
Cette grace, cet air...

LÉANDRE.

Il n'est point de mon goût.

LE CHEVALIER.

Cependant vous l'aimez ?

LÉANDRE.

Oui, j'aime la musique ;
Mais, si vous voulez bien qu'en ami je m'explique,
Votre air n'a point ce tour tendre, agréable, aisé ;
Et le chant, entre nous, m'en paroît trop usé.

LE CHEVALIER.

Et qui vous parle ici de vers et de musique ?
Cet amant-là, ma sœur, est tout-à-fait comique.

LÉANDRE.

Vous chantiez à l'instant ; et ne parliez-vous pas
De votre air ?

LE CHEVALIER.

Non, vraiment.

LÉANDRE.

J'ai donc tort en ce cas.

LE CHEVALIER.

Je vous entretenois ici de votre flamme ;

Et voulois pour ma sœur faire expliquer votre ame,
Savoir si vous l'aimez.

LÉANDRE.

Si je l'aime, grands dieux !
Ne m'interrogez point, et regardez ses yeux.

LE CHEVALIER.

Vous avez le goût bon. Si je n'étois son frère,
Près d'elle on me verroit bien loin pousser l'affaire ;
Mais je suis pris ailleurs. Près d'un objet vainqueur
Je fais à petit bruit mon chemin en douceur.
J'ai jusqu'ici conduit mon affaire en silence :
J'abhorre le fracas, le bruit, la turbulence ;
Et je vais pour chercher cet objet de mes feux.

SCÈNE VIII.

LÉANDRE, CARLIN, CLARICE.

LÉANDRE, à Clarice.

Puisque vous désirez sitôt quitter ces lieux,
Souffrez donc, s'il vous plaît, que je vous reconduise.

(Il met un gant, et présente à Clarice la main qui
est nue.)

CARLIN, à Léandre.

Vous donnez une main pour l'autre, par méprise.

LÉANDRE ôte le gant qu'il avoit.

Il est vrai.

CLARICE, à Léandre.

Demeurez, et ne me suivez pas.

ACTE II, SCÈNE VIII.
LÉANDRE.

Je veux jusque chez vous accompagner vos pas.
(*Il donne la main à Clarice jusqu'au milieu du théâtre, et la quitte pour parler à Carlin.*)
Clarice, sort.

SCÈNE IX.

LÉANDRE, CARLIN.

LÉANDRE.

J'AI, Carlin, en secret, un ordre à te prescrire ;
Écoute... Je ne sais ce que je voulois dire...
Va chez mon horloger, et reviens au plus tôt.
Prends de ce tabac... Non, tu n'iras que tantôt.

CARLIN, *à part*.

Le beau secret, ma foi !

SCÈNE X.

LE CHEVALIER, LÉANDRE, CARLIN.

LÉANDRE *retourne pour donner la main à Clarice, et la donne au chevalier.*

Souffrez ici sans peine
Qu'à votre appartement, madame, je vous mène.

LE CHEVALIER, *contrefaisant la voix de femme.*

Vous êtes trop honnête, il n'en est pas besoin.

LÉANDRE, *s'apercevant qu'il parle au chevalier.*

Vous êtes encor là ! Je vous croyois bien loin.
Je cherchois votre sœur ; et ma peine est extrême.

LE CHEVALIER.

Vous ne vous trompez pas; c'est une autre elle-même.
Mais si jamais, monsieur, vous êtes son époux,
Dans vos distractions défiez-vous de vous.
Une femme suffit; tenez-vous à la vôtre;
N'allez pas, par méprise, en conter à quelque autre.
Ma sœur n'est pas ingrate; et, sans égard aux frais,
Elle vous le rendroit avec les intérêts.
Adieu, monsieur. Je suis tout à votre service.

SCÈNE XI.

LÉANDRE, CARLIN.

LÉANDRE.

Je cherche vainement, et ne vois point Clarice.

CARLIN.

N'étant plus en ce lieu, vous ne sauriez la voir.

LÉANDRE.

Ah! mon pauvre Carlin, je suis au désespoir.
Que je suis malheureux! contre moi tout conspire.
J'avois dans ce moment cent choses à lui dire.
Ne perdons point de temps; sortons, suivons ses pas:
Je ne suis plus à moi, quand je ne la vois pas.

CARLIN.

Et, quand vous la voyez, c'est cent fois pis encore.

SCÈNE XII.

CARLIN.

Il auroit bien besoin de deux grains d'ellébore.
Il étoit moins distrait hier qu'il n'est aujourd'hui :
Cela croît tous les jours. Je me gâte avec lui.
On m'a toujours bien dit qu'il falloit dans la vie
Fuir autant qu'on pouvoit mauvaise compagnie ;
Mais je l'aime, et je sais qu'un cœur qui n'est point faux
Doit aimer ses amis avec tous leurs défauts.

FIN DU SECOND ACTE.

ACTE TROISIÈME.

SCÈNE I.

ISABELLE, LISETTE.

LISETTE.

Grace au ciel, à la fin vous quittez la toilette;
Votre mère aujourd'hui doit être satisfaite.
De notre diligence on peut se prévaloir;
Il n'est encore au plus que sept heures du soir.

ISABELLE.

Il me semble pourtant que j'aurai peine à plaire.
Si je n'ai pas les yeux si vifs qu'à l'ordinaire,
Ma mère en est la cause; et ce qu'elle me dit
Me brouille tout le teint, me sèche, et m'enlaidit;

LISETTE.

Elle enrage à vous voir si grande et si bien faite.
La loi devroit contraindre une mère coquette,
Quand la beauté la quitte, ainsi que les amants,
Et qu'elle a fait sa charge environ cinquante ans,
D'abjurer la tendresse, et d'avoir la prudence
De faire recevoir sa fille en survivance.

ISABELLE.

Que ce seroit bien fait! Car enfin, en amour,
Il faut, n'est-il pas vrai? que chacun ait son tour.

LISETTE.

Oui, la chanson le dit. Dites-moi, je vous prie,
Si pour le chevalier votre ame est attendrie :
Est-ce estime? est-ce amour?

ISABELLE.

Oh! je n'en sais pas tant.

LISETTE.

Mais encor?

ISABELLE.

Je ne sais si ce que mon cœur sent
Se peut nommer amour; mais enfin je t'avoue
Que j'ai quelque plaisir d'entendre qu'on le loue :
Par un destin puissant et des charmes secrets
Je me trouve attachée à tous ses intérêts ;
Je rougis, je pâlis quand il s'offre à ma vue ;
S'il me quitte, des yeux je le suis dans la rue.
Mais que te dis-je, hélas! mon cœur par-tout le suit :
Ses manières, son air, occupent mon esprit ;
Et souvent, quand je dors, d'agréables mensonges
M'en présentent l'image au milieu de mes songes.
Est-ce estime? est-ce amour?

LISETTE.

C'est ce que vous voudrez ;
Mais enfin c'est un mal dont vous ne guérirez
Qu'avec un récipé d'un hymen salutaire ;
Et je veux m'employer à finir cette affaire.
Le chevalier, tout franc, est bien mieux votre fait.
Léandre a de l'esprit, mais il est trop distrait.
Il vous faut un mari d'une humeur plus fringante,
Léger dans ses propos, qui toujours danse, chante ;
Qui vole incessamment de plaisirs en plaisirs,
Laissant vivre sa femme au gré de ses désirs ;

S'embarrassant fort peu si ce qu'elle dépense
Vient d'un autre ou de lui. C'est cette nonchalance
Qui nourrit la concorde, et fait que dans Paris
Les femmes, plus qu'ailleurs, adorent leurs maris.

ISABELLE.

Tu sais bien que ma mère est d'une humeur étrange :
Crois-tu que son esprit à ce parti se range?
Elle m'a défendu de voir le chevalier.

LISETTE.

Sans se voir, on ne peut pourtant se marier.
Ne vous alarmez point ; nous trouverons peut-être
Quelque moyen heureux que l'amour fera naître,
Qui pourra tout d'un coup nous tirer d'embarras.
Un sort heureux déjà conduit ici ses pas.

SCÈNE II.

ISABELLE, LE CHEVALIER, LISETTE.

LE CHEVALIER, *dansant et sifflant, à Isabelle.*

Je vous trouve à la fin. Ah! bon jour, ma princesse;
Vous avez aujourd'hui tout l'air d'une déesse;
Et la mère d'Amour, sortant du sein des mers,
Ne parut point si belle aux yeux de l'univers.
De votre amour pour moi je veux prendre ce gage.
(*Il lui baise la main.*)

ISABELLE.

Monsieur le chevalier...

LISETTE, *au chevalier.*

Allons donc, soyez sage.
Comme vous débutez !

LE CHEVALIER, *à Lisette.*

Nous autres gens de cour,

ACTE III, SCÈNE II.

Nous savons abréger le chemin de l'amour.
Voudrois-tu donc me voir, en amoureux novice,
De l'amour à ses pieds apprendre l'exercice,
Pousser de gros soupirs, serrer le bout des doigts ?
Je ne fais point, morbleu, l'amour comme un bourgeois ;

(*à Isabelle.*)

Je vais tout droit au cœur. Le croiriez-vous, la belle ?
Depuis dix ans et plus je cherche une cruelle,
Et je n'en trouve point, tant je suis malheureux !

LISETTE.

Je le crois bien, monsieur, vous êtes dangereux !

LE CHEVALIER, *à Isabelle.*

J'ai bien bu cette nuit ; et, sans fanfaronnades,
A votre intention j'ai vidé cent rasades,
Ah ! le verre à la main, qu'il faisoit beau nous voir !
Il fait, parbleu, grand chaud.

ISABELLE.

Voulez-vous vous asseoir ?
Lisette, des fauteuils.

LE CHEVALIER.

Point de fauteuil, de grace.

ISABELLE.

Oh ! monsieur, je sais bien...

LE CHEVALIER.

Un fauteuil m'embarrasse ;
Un homme là-dedans est tout enveloppé :
Je ne me trouve bien que dans un canapé.

(*à Lisette.*)

Fais-m'en approcher un pour m'étendre à mon aise.

LISETTE.

Tenez-vous sur vos pieds, monsieur, ne vous déplaise.
J'enrage quand je vois des gens, qu'à tout moment

Il faudroit étayer comme un vieux bâtiment,
Couchés dans des fauteuils, barrer une ruelle.
Et mort non de ma vie! une bonne escabelle.
Soyez dans le respect. Nos pères autrefois
Ne s'en portoient que mieux sur des meubles de bois.

ISABELLE.

Paix donc; ne lui dis rien, Lisette, qui le blesse.

LISETTE, *à Isabelle.*

Bon! bon! il faut apprendre à vivre à la jeunesse.

LE CHEVALIER.

Lisette est en courroux. Çà, changeons de discours.
Comment suis-je avec vous? M'adorez-vous toujours?
Cette maman encor fait-t-elle la hargneuse?
C'est un vrai porc-épic

ISABELLE

Elle est toujours grondeuse;
Elle m'a depuis peu défendu de vous voir.

LE CHEVALIER.

De me voir? Elle a tort. Sans me faire valoir,
Je prétends vous combler d'une gloire parfaite;
Car ce n'est qu'en mari que mon cœur vous souhaite.

ISABELLE.

En mari! Mais, monsieur, vous êtes chevalier;
Ces gens-là ne sauroient, dit-on, se marier.

LE CHEVALIER.

Quel abus! Nous faisons tous les jours alliance
Avec tout ce qu'on voit de femmes dans la France.

LISETTE, *entendant madame Grognac*

Ah! madame Grognac!

ISABELLE.

Ah! monsieur, sauvez-vous.
Sortez. Non; revenez.

LISETTE.
Où nous cacherons-nous?
LE CHEVALIER.
Laissez, laissez-moi seul affronter la tempête.
LISETTE.
Ne vous y jouez pas. Il me vient dans la tête
Un dessein qui pourra nous tirer d'embarras.
Elle sait votre nom, mais ne vous connoît pas :
Nous attendons un maître en langue italienne :
Faites ce maître-là, pour nous tirer de peine.
ISABELLE.
Elle approche, elle vient. O ciel !
LE CHEVALIER.
C'est fort bien dit :
En cette occasion j'admire ton esprit ;
J'ai par bonheur été deux ans en Italie.

SCÈNE III.
MME GROGNAC, ISABELLE, LE CHEVALIER, LISETTE.

MADAME GROGNAC, *à Isabelle.*
Ah ! vraiment, je vous trouve en bonne compagnie !
Quel est cet homme-là ?
LISETTE.
Ne le voit-on pas bien ?
C'est, comme on vous a dit, ce maître italien
Qui vient montrer sa langue.
MADAME GROGNAC.
Il prend bien de la peine.
Ma fille, pour parler, n'a que trop de la sienne :
Qu'elle apprenne à se taire, elle fera bien mieux,

LE CHEVALIER, *à Isabelle.*
Un grand homme disoit que s'il parloit aux dieux,
Ce seroit espagnol ; italien, aux femmes ;
L'amour par son accent se glisse dans leurs ames :
A des hommes, français ; et suisse, à des chevaux.
Das dich der donder schalcq.

LISETTE.

Ah ! juste ciel, quels mots !

MADAME GROGNAC.

Comme je ne veux point qu'elle parle à personne,
Sa langue lui suffit, et je la trouve bonne.

LE CHEVALIER, *à Isabelle.*
Or je vous disois donc tantôt que l'adjectif
Devoit être d'accord avec le substantif.
Isabella bella, c'est vous, belle Isabelle.

(*bas.*)

Amante fedele, c'est moi, l'amant fidèle,
Qui veut toute sa vie adorer vos appas.

(*Madame Grognac s'approche pour écouter.*)

LE CHEVALIER, *haut, à Isabelle.*
Il faut les accorder en genre, en nombre, en cas.

MADAME GROGNAC, *au chevalier.*
Tout votre italien est plein d'impertinence.

LE CHEVALIER, *à madame Grognac.*
Ayez pour la grammaire un peu de révérence.

(*à Isabelle.*)

Il faut présentement passer au verbe actif ;
Car moi, dans mes leçons, je suis expéditif.
Nous allons commencer par le verbe *amo*, j'aime.
Ne le voulez-vous pas ?

ISABELLE.

Ma joie en est extrême.

ACTE III, SCÈNE III.

LISETTE, *au chevalier.*
Elle a pour vos leçons l'esprit obéissant.
LE CHEVALIER, *à Isabelle.*
Conjuguez avec moi, pour bien prendre l'accent.
Io amo, j'aime.
ISABELLE.
Io amo, j'aime.
LE CHEVALIER.
Vous ne le dites pas du ton que je demande.
(*à madame Grognac.*)
Vous me pardonnez bien si je la réprimande.
(*à Isabelle.*)
Il faut plus tendrement prononcer ce mot-là :
Io amo, j'aime.
ISABELLE, *fort tendrement.*
Io amo, j'aime.
LE CHEVALIER.
Le charmant naturel, madame, que voilà !
Aux dispositions qu'elle m'a fait paroître,
Elle en saura bientôt trois fois plus que son maître.
(*à Isabelle.*)
Je suis charmé. Voyons si d'un ton naturel
Vous pourrez aussi bien dire le pluriel.
MADAME GROGNAC.
Elle en dit déjà trop, monsieur; et, dans les suites,
Il faudra, s'il vous plaît, supprimer vos visites.
LE CHEVALIER.
J'ai trop bien commencé pour ne pas achever.

SCÈNE IV.

VALÈRE, LE CHEVALIER, Mme GROGNAC
ISABELLE, LISETTE.

VALÈRE, *au chevalier.*

Ah ! je suis, mon neveu, ravi de vous trouver.
(*à madame Grognac.*)
Madame, vous voyez, sans trop de complaisance,
Un gentilhomme ici d'assez belle espérance ;
Et, s'il pouvoit vous plaire, il seroit trop heureux.

LISETTE, *à part.*

Que le diable t'emporte !

ISABELLE, *à part.*

Ah ! contre-temps fâcheux !

MADAME GROGNAC, *à Valère.*

Votre neveu ! comment !

VALÈRE.

Il a su se produire,
Et n'a pas eu besoin de moi pour s'introduire.

MADAME GROGNAC, *au chevalier.*

Vous n'êtes pas, monsieur, un maître italien ?

VALÈRE.

Lui ! c'est le chevalier.

LE CHEVALIER.

Il est vrai, j'en convien ;
Cela n'empêche pas que, dans quelques familles
Je ne montre parfois l'italien aux filles

MADAME GROGNAC, *à Isabelle.*

Comment, impertinente !

LE CHEVALIER, *à madame Grognac.*

Ah ! point d'emportement.

MADAME GROGNAC, à Isabelle.

Après vous avoir dit...

LE CHEVALIER, à madame Grognac.

Madame, doucement.

N'allez pas, devant moi, gronder mes écolières.

MADAME GROGNAC, au chevalier.

Mêlez-vous, s'il vous plaît, monsieur, de vos affaires.

(à Isabelle.)

Lorsque je vous défends...

LE CHEVALIER, à madame Grognac.

Pour calmer ce courroux,

J'aime mieux vous baiser, maman.

MADAME GROGNAC, au chevalier.

Retirez-vous.

Je ne suis point, monsieur, femme que l'on plaisante.

LE CHEVALIER *prend madame Grognac par la main, chante, et la fait danser par force.*

Je veux que nous dansions ensemble une courante.

VALÈRE, *les séparant, et mettant le chevalier dehors.*

C'est trop pousser la chose; allons, retirez-vous.

SCÈNE V.

VALÈRE, MME GROGNAC, ISABELLE, LISETTE.

VALÈRE, à madame Grognac.

Et vous, pour éviter de vous mettre en courroux,
Dans votre appartement rentrez, je vous en prie.

MADAME GROGNAC, *s'en allant.*

Ouf, ouf, je n'en puis plus.

SCÈNE VI.
VALÈRE, ISABELLE, LISETTE.

LISETTE, *à Valère*.

Mais quelle étourderie !
Pour éviter le bruit, j'avois trouvé moyen
De le faire passer pour maître italien ;
Et vous êtes venu...

VALÈRE.

Mon imprudence est haute ;
Mais je veux sur-le-champ réparer cette faute.
Je m'en vais la rejoindre, et tâcher de calmer
Son esprit violent prompt à se gendarmer.

(*Il sort.*)

SCÈNE VII.
LISETTE, ISABELLE.

LISETTE.

Voilà, je vous l'avoue, une fâcheuse affaire.

ISABELLE.

N'as-tu pas ri, Lisette, à voir danser ma mère ?

LISETTE.

Comment donc ! vous riez, et vous ne craignez pas
La foudre toute prête à tomber en éclats ?

ISABELLE.

Laissons pour quelque temps passer ici l'orage.
Léandre vient ; il faut nous ranger du passage.
Ecoutons un moment : nous n'oserions sortir.
De ses distractions il faut nous divertir ;
Il ne manquera pas d'en faire ici paroître.

LISETTE.

Je le veux ; demeurons sans nous faire connoître.
Écoutons.

SCÈNE VIII.

LÉANDRE, CARLIN; ISABELLE ET LISETTE,
dans le fond du théâtre.

LÉANDRE.

D'où viens-tu ? parle donc, réponds-moi.
Je ne te vois jamais, quand j'ai besoin de toi.

CARLIN.

J'exécute votre ordre avec zèle, ou je meure.
Vous avez oublié que, depuis un quart-d'heure,
De dix commissions il vous plut me charger.
J'ai vu le rapporteur, le tailleur, l'horloger ;
Et voilà votre montre enfin raccommodée ;
Elle sonne à présent.

LÉANDRE, *prenant la montre.*
Il me l'a bien gardée.

CARLIN.

Vous m'avez commandé de même d'acheter
De bon tabac d'Espagne ; en voilà pour goûter.

LÉANDRE *prend le papier où est le tabac.*
Voyons.

CARLIN.

C'est du meilleur qu'on puisse jamais prendre,
Dont on frauda les droits en revenant de Flandre.

LÉANDRE *jette la montre croyant jeter le tabac.*
Quel horrible tabac ! Tu veux m'empoisonner.

CARLIN.

La montre ! Ah ! voilà bien pour la faire sonner !

Quelle distraction, monsieur, est donc la vôtre !
LÉANDRE.
Oh ! je n'y pensois pas, j'ai jeté l'un pour l'autre.
CARLIN.
Ne vous voilà pas mal ! la montre cette fois
Va revoir l'horloger tout au moins pour six mois.
LÉANDRE.
Cours à l'appartement de l'aimable Clarice ;
Sache si pour la voir le moment est propice ;
Peins-lui bien mon amour, et quel est mon chagrin
D'avoir manqué tantôt à lui donner la main.
Va vite, cours, reviens.

CARLIN, *mettant la montre à son oreille.*
La montre est toute en pièces.
Vous devriez, monsieur, exercer vos largesses,
Et m'en faire présent...
LÉANDRE.
Va donc, ne tarde pas.
Je t'attends.
CARLIN.
J'obéis, et reviens sur mes pas.

SCÈNE IX.

LÉANDRE, ISABELLE, LISETTE.

ISABELLE
Approchons-nous.
LÉANDRE, *croyant parler à Carlin, et sans voir Isabelle et Lisette.*
Carlin, j'attends tout de ton zèle.
Si Clarice venoit à parler d'Isabelle,
Dis-lui bien que mon cœur n'en fut jamais touché ;

Par de plus nobles nœuds je me sens attaché.
Isabelle est jolie, au reste peu capable
De fixer le penchant d'un homme raisonnable;
Malgré les faux dehors de sa simplicité,
Elle est coquette au fond.

LISETTE, *à Isabelle.*
                La curiosité
Vous pourra coûter cher, aux sentiments qu'il montre

LÉANDRE, *croyant répondre à Carlin.*
Mais me parleras-tu toujours de cette montre ?
Eh bien ! c'est un malheur. Fais-lui bien concevoir
Qu'Isabelle sur moi n'eut jamais de pouvoir,
Et que mon oncle en vain veut faire une alliance
Dont mon amour murmure, et dont mon cœur s'offense.

ISABELLE.
Il ne m'aime pas trop, Lisette.

LÉANDRE, *croyant répondre à Carlin.*
            Oui, l'on le dit.
Cette Lisette-là lui tourne mal l'esprit;
C'est une babillarde, en intrigues habile,
Et qui, dans un besoin, pourroit montrer en ville.

LISETTE, *à Isabelle.*
Voilà donc mon paquet, et vous le vôtre aussi.
Lui dirai-je, à la fin, que vous êtes ici ?

LÉANDRE.
Oui, tu pourras lui dire. Avec impatience
J'attendrai ton retour : va, cours en diligence
Que les hommes sont fous d'empoisonner leurs jours
Par des dégoûts cruels qu'ils ont dans leurs amours !
Je savoure à longs traits le poison qui me tue

LISETTE.
C'est pendant trop de temps nous cacher à sa vue;

Et je veux l'attaquer. Monsieur, si par hasard
Vous vouliez bien sur nous jeter quelque regard...

LÉANDRE, *sans les voir.*

Sans ce fâcheux dédit, qui vient troubler ma joie,
Je passerois des jours filés d'or et de soie.

LISETTE.

Vous voulez bien, monsieur, me permettre, à mon tour,
De vous féliciter sur votre heureux retour ?

LÉANDRE, *sans les voir.*

Au pouvoir de l'amour c'est en vain qu'on résiste.

LISETTE.

Monsieur, par charité...

LÉANDRE, *sans les voir.*

Que le ciel vous assiste !

LISETTE.

Sommes-nous donc déjà des objets de pitié ?
(*à Isabelle.*)
De tout ce qu'on me dit vous êtes de moitié.
(*à Léandre.*)
Tournez les yeux sur nous.
(*Elle le tire par la manche.*)

LÉANDRE.

Ah ! te voilà, Lisette.

LISETTE.

Et ma maîtresse aussi.

LÉANDRE, *à Isabelle.*

Que ma joie est parfaite !
Jamais rien de plus beau ne s'offrit aux regards ;
Les amours près de vous volent de toutes parts :
Aux coups de vos beaux yeux qui pourroit se soustraire !
Et qu'on seroit heureux si l'on pouvoit vous plaire !

ISABELLE, *à Léandre.*

Bon ! votre cœur pour moi ne fut jamais touché ;
Par de plus nobles nœuds vous êtes attaché :
Je suis un peu jolie, au reste peu capable
De fixer le penchant d'un homme raisonnable ;
Malgré les faux dehors de ma simplicité,
Je suis coquette au fond.

LÉANDRE.

C'est une fausseté.

Lisette, tu devrois, dans le soin qui t'anime,
Lui faire prendre d'elle une plus juste estime :
Tu gouvernes son cœur.

LISETTE.

Oui, quelqu'un me l'a dit.

Cette Lisette-là lui tourne mal l'esprit ;
C'est une babillarde, en intrigues habile,
Et qui pourroit montrer, en un besoin, en ville.
Votre panégyrique a pour nous des appas.
Quel peintre ! par ma foi, vous ne nous flattez pas.

LÉANDRE, *à part.*

Ah ! maraud de Carlin, dans peu ton imprudence
Recevra de ma main sa juste récompense.

LISETTE.

J'entends venir quelqu'un. Ah, ciel ! quel embarras !
C'est madame Grognac qui revient sur ses pas.

ISABELLE.

Lisette, que dis-tu ?

LISETTE.

Votre mère en personne.

ISABELLE.

Quel parti prendre ? ô ciel ! Je tremble, je frissonne,
Sa brusque humeur sur nous pourroit bien éclater :

Aidez-moi, s'il vous plaît, monsieur, à l'éviter.
LÉANDRE.
Vous cacher à ses yeux est chose assez facile ;
Mon cabinet pour vous doit être un sûr asile :
Entrez-y.
ISABELLE.
Volontiers ; mais que personne au moins
Ne puisse nous y voir.

(Isabelle et Lisette entrent dans le cabinet de Léandre.)

LÉANDRE.
Fiez-vous à mes soins.

SCÈNE X.
Mme GROGNAC, LÉANDRE.

MADAME GROGNAC.
Je ne la trouve point. Monsieur, où donc est-elle ?
LÉANDRE.
Qui ? madame.
MADAME GROGNAC.
Ma fille.
LÉANDRE.
Eh ! qui donc ?
MADAME GROGNAC.
Isabelle.
Que j'aurois de plaisir, avec deux bons soufflets,
A venger pleinement les affronts qu'on m'a faits !
Mais je ne perdrai pas ici toute ma peine,
Puisqu'il faut aussi-bien que je vous entretienne,
Et vous dise en deux mots que je veux, dès ce jour

Votre oncle vif ou mort, terminer votre amour.
Vous savez ses desseins, et qu'un dédit m'engage,
Monsieur, à vous donner ma fille...

LÉANDRE.

En mariage?

MADAME GROGNAC.

Comment donc? oui, monsieur, en mariage; oui:
Et je prétends, de plus, que ce soit aujourd'hui.
Je ne puis plus long-temps voir traîner cette affaire;
Et je vais ordonner qu'on m'amène un notaire:
C'est un point résolu, monsieur, dans mon cerveau.
La garde d'une fille est un trop lourd fardeau.

SCÈNE XI.

LÉANDRE.

Ce dédit m'embarrasse et me tient en cervelle.

SCÈNE XII.

CARLIN, CLARICE, LÉANDRE.

CARLIN, *à Léandre*.

J'ai fait ce que vos vœux attendoient de mon zèle,
Et j'amène Clarice.

LÉANDRE.

Ah! madame, en ces lieux
Quel bonheur tout nouveau vous présente à mes yeux?

CLARICE.

Malgré votre dédit, je viens ici vous dire
Que mon oncle à vos vœux est tout prêt à souscrire.
Mon cœur en est charmé, mais je crains votre humeur;

Et qu'une autre que moi ne règne en votre cœur.
LÉANDRE.
Ces soupçons mal fondés me font trop d'injustice :
Et je n'aime que vous, adorable Clarice.

SCÈNE XIII.

LÉANDRE, CLARICE, CARLIN, UN LAQUAIS.

LE LAQUAIS, *à Clarice*.
Mon maître ici m'envoie avec ce mot d'écrit.
(*Clarice lit.*)
CARLIN, *au laquais qui sort*.
Ce petit joufflu-là montre avoir de l'esprit.

SCÈNE XIV.

LÉANDRE, CLARICE, CARLIN.

CLARICE, *à Léandre*.
De votre rapporteur je reçois cette lettre :
Vous pouvez de ses soins bientôt tout vous promettre.
Je vous quitte un moment, et je monte là-haut
Pour lui faire réponse, et reviens au plus tôt.
LÉANDRE, *l'arrêtant*.
Si dans mon cabinet vous vouliez bien écrire,
Vous auriez plus tôt fait.
CLARICE.
Je craindrois de vous nuir.
LÉANDRE.
Vous me ferez plaisir, madame, assurément.
CLARICE.
Puisque vous le voulez, j'en use librement.

Je vais le supplier de vous faire justice,
Et de continuer à vous rendre service.
J'aurai fait en deux mots.

SCÈNE XV.
LÉANDRE, CARLIN.

CARLIN.
Vos feux sont en bon train ;
Je vous vois bientôt prêts à vous donner la main :
Le ciel jusques au bout nous garde de disgrace !

SCÈNE XVI.
LISETTE, LÉANDRE, CARLIN.

LISETTE, *dans le cabinet.*
Sortons, sortons, madame ; il faut quitter la place.

SCÈNE XVII.
LÉANDRE, CARLIN.

CARLIN.
Dans votre cabinet, monsieur, j'entends du bruit.
Que veut dire cela ? n'est-ce point un esprit
Qui lutine Clarice ?

LÉANDRE.
Ah ! je vois ma méprise.
Carlin, tout est perdu ; j'ai fait une sottise.
En plaçant là Clarice, en mon esprit distrait,
Je n'ai pas réfléchi que dans ce même endroit
J'avois mis Isabelle.

CARLIN.

Isabelle ! Ah ! j'enrage.
Nous allons bientôt voir arriver du carnage.
Êtes-vous fou, monsieur ?

SCÈNE XVIII.

ISABELLE, CLARICE, LISETTE, LÉANDRE
CARLIN.

CARLIN.

Mais qu'est-ce que je vois !
Quelle prospérité ! Pour une, en voilà trois.

ISABELLE, *à Clarice.*

Vous pouvez dans ce lieu tout à votre aise écrire,
Et tant qu'il vous plaira ; pour moi, je me retire.

CLARICE.

Non pas, c'est moi qui sors, et le laisse avec vous :
Je sais qu'on ne doit pas troubler un rendez-vous.

LÉANDRE.

Le hasard, malgré moi, dans ce lieu vous assemble.
Mon dessein n'étoit point de vous y mettre ensemble.
 (*à Isabelle.*)
Votre mère tantôt...

ISABELLE.

Je suis au désespoir.

LÉANDRE, *à Clarice.*

Madame, vous saurez...

CLARICE.

Je ne veux rien savoir.

LÉANDRE, *à Isabelle.*

Je n'ai pas réfléchi que...

ISABELLE, *s'en allant.*

Vous êtes un traître.

SCÈNE XIX.

LÉANDRE, CLARICE, LISETTE, CARLIN.

LÉANDRE, *à Clarice.*

Le hasard...

CLARICE, *s'en allant.*

Devant moi gardez-vous de paroître.

SCÈNE XX

LISETTE, LÉANDRE, CARLIN.

LISETTE, *à Carlin.*

Tu nous as fait le tour; mais vingt coups de bâton,
Dans peu, monsieur Carlin, nous en feront raison.

(*Elle sort.*)

SCÈNE XXI.

CARLIN, LÉANDRE.

CARLIN.

Je tombe de mon haut.

LÉANDRE.

Moi, je me désespère.
Allons de l'une et l'autre arrêter la colère.

(*Il sort.*)

LE DISTRAIT.

SCÈNE XXII.

GARLIN.

Courons-y donc : je crains quelque accident cruel ;
Et ces deux filles-là se vont battre en duel.

Fin du troisième acte.

ACTE QUATRIÈME.

SCÈNE I.

VALÈRE, CLARICE.

CLARICE.

De vos soins généreux je vous suis obligée ;
Mais depuis un moment mon ame est bien changée.

VALÈRE.

Plaît-il ?

CLARICE.

Je ne veux plus me marier.

VALÈRE.

Comment !
D'où vous peut donc venir un si prompt changement ?

CLARICE.

J'ai pensé mûrement aux soins du mariage,
Aux chagrins presque sûrs où son joug nous engage,
A cette liberté que l'on perd sans retour :
L'hymen est trop souvent un écueil pour l'amour.
Je ne me sens point propre aux soins d'une famille ;
Et, tout considéré, j'aime mieux rester fille.

VALÈRE.

Je sais bien que l'hymen peut avoir ses dégoûts ;
Chaque état a les siens, et nous le sentons tous :
Cependant vous vouliez de moi ce bon office,

CLARICE.

D'accord ; mais plus on voit de près le précipice,
Plus nos sens étonnés frémissent du danger.
Léandre est pris ailleurs ; et, pour le dégager,
Votre application peut-être seroit vaine.

VALÈRE.

Calmez-vous, je prétends y réussir sans peine.
Léandre sent pour vous une sincère ardeur :
Je pourrois bien ici répondre de son cœur ;
Et ce n'est qu'un devoir de pure obéissance
Qui retient jusqu'ici son esprit en balance.

SCÈNE II.

LE CHEVALIER, VALÈRE, CLARICE.

LE CHEVALIER.

Ah ! mon oncle, parbleu, je vous trouve à propos
Pour vous laver la tête, et vous dire en deux mots...

VALÈRE.

Le début est nouveau.

LE CHEVALIER.

Se peut-il qu'à votre âge
Vous n'ayez pas encor les airs d'un homme sage ?
Si j'en faisois autant, je passerois chez vous
Pour un franc étourdi. Là, là, répondez-nous.

VALÈRE.

J'ai tort, mais..

LE CHEVALIER.

Mais, mais. mais !

CLARICE.

Quelle est votre quere

ACTE IV, SCÈNE II.

LE CHEVALIER.

Je m'étois introduit tantôt chez Isabelle,
Que j'aime à la fureur, et qui m'aime encor plus;
J'y passois pour un autre; et monsieur là-dessus
Est venu brusquement gâter tout le mystère,
Et m'a mal à propos fait connoître à la mère.
Parlez; n'est-il pas vrai?

VALÈRE.

D'accord, mon cher neveu;
Mais je réparerai ma faute.

LE CHEVALIER.

Eh! ventrebleu,
C'est un étrange cas. Faut-il que la jeunesse
Apprenne maintenant à vivre à la vieillesse,
Et qu'on trouve des gens, avec des cheveux gris,
Plus étourdis cent fois que nos jeunes marquis?
Je n'y connois plus rien. Dans le siècle où nous sommes
Il faut fuir dans les bois, et renoncer aux hommes.

VALÈRE.

Je veux vous marier, et votre sœur aussi.

LE CHEVALIER.

Ma sœur? vous vous moquez.

VALÈRE.

Pourquoi donc ce souci?

LE CHEVALIER, *à Valère.*

Quelle injustice, ô ciel! on me vole, on me pille.
Cela n'est point dans l'ordre; et l'on sait qu'une fille,
Pour enrichir un frère, en faire un gros seigneur,
Doit renoncer au monde.

CLARICE.

On connoît ton bon cœur;
Et je sais qui t'oblige à parler de la sorte

C'est l'amour de mon bien.

LE CHEVALIER.

Oui, le diable m'emporte.

VALÈRE.

Je prétends lui donner cinquante mille écus,
Vous reservant, à vous, de mon bien le surplus ;
Et je veux aujourd'hui terminer cette affaire.

SCÈNE III.

LE CHEVALIER, CLARICE.

LE CHEVALIER.

Veux-tu que sur ce point je m'explique en bon frère ?
Tu sais bien qu'entre nous nous parlons assez net.
Un hymen, quel qu'il soit, n'est point du tout ton fait.
Te voilà faite au tour ; nul soin ne te travaille ;
Et le premier enfant te gâteroit la taille.
Crois-moi, le mariage est un triste métier.

CLARICE.

Mon frère, cependant, tu veux te marier.

LE CHEVALIER.

Le devoir d'une femme engage à mille choses ;
On trouve mainte épine où l'on cherchoit des roses :
Le plaisir de l'hymen est terrestre et grossier.

CLARICE.

Mon frère, cependant, tu veux te marier.

LE CHEVALIER.

Parlons à cœur ouvert, et confessons la dette.
Je suis un peu coquet, tu n'es pas mal coquette :
Notre mère l'étoit, dit-on, en son vivant ;
Nous chassons tous de race, et le mal n'est pas grand :
Si quelque amant venoit frapper ta fantaisie,

ACTE IV, SCÈNE III.

Tu pourrois avec lui faire quelque folie.
CLARICE
Mon frère, cependant...
LE CHEVALIER.
Tu vas te récrier.
Mon frère, cependant, tu veux te marier.
Que diable ! tu réponds toujours la même prose.
CLARICE.
Mais tu me dis aussi toujours la même chose.

SCÈNE IV.
LE CHEVALIER, CLARICE, LISETTE.
LISETTE.
Bon jour, monsieur. Depuis votre maudit jargon,
La madame Grognac est pire qu'un dragon ;
Et je viens vous chercher ici pour vous apprendre
Qu'elle veut dès ce soir finir avec Léandre.
Elle m'a commandé de lui faire venir
Un notaire.
LE CHEVALIER.
Bon ! bon ! il faut le prévenir.
LISETTE, *apercevant Clarice.*
Ah ! vous voilà, madame ? Eh ! dites-moi, de grace,
Au cabinet encor venez-vous prendre place ?
Quelque nouvel amant, en dépit des jaloux,
Vous donne-t-il ici quelque autre rendez-vous ?
LE CHEVALIER.
Comment ! un rendez-vous ? Que dis-tu ? prends bien
C'est ma sœur.
LISETTE.
Votre sœur ! Peste ! quelle égrillarde !

CLARICE.

Pour faire une réponse aux termes d'un billet,
Léandre a bien voulu m'ouvrir son cabinet
Où j'ai trouvé d'abord Isabelle enfermée.

LE CHEVALIER.

Isabelle

CLARICE.

Et Lisette.

LE CHEVALIER.

Ah ! petite rusée !
Avant le mariage on me fait de ces tours ?
L'augure est vraiment bon pour nos futurs amours !

LISETTE.

Ici mal à propos votre esprit se gendarme :
Le mal est donc bien grand pour faire un tel vacarme !
Ne vous souvient-il plus du maître italien,
Et de cette courante à contre-cœur ?

LE CHEVALIER.

Eh bien ?

LISETTE.

Eh bien ! pour éviter le retour de la dame,
Qui pestoit contre nous, et juroit dans son ame,
Nous avons fait retraite au cabinet sans bruit ·
Clarice est arrivée en ce même réduit
Pour écrire une lettre ; et voilà le mystère.

LE CHEVALIER.

L'une écrit une lettre, et l'autre fuit sa mère
Et toutes deux d'abord s'en vont chez un garçon
C'est prendre son parti. L'asile est vraiment bon !

CLARICE.

Lisette, tu remets le calme dans mon ame ;

Mon soupçon se dissipe, et fait place à ma flamme.
Peut-être à tes discours j'ajoute trop de foi ;
Mais Léandre aujourd'hui triomphe encor de moi.

LE CHEVALIER, *l'arrêtant.*

Écoute donc, ma sœur.

CLARICE.

Que me veux-tu, mon frère ?

LE CHEVALIER.

Mets-toi dans un couvent ; tu ne saurois mieux faire.

CLARICE.

Je prends, comme je dois, tes conseils là-dessus ;
Mais l'avis ne vaut pas cinquante mille écus.

SCÈNE V.

LE CHEVALIER, LISETTE.

LE CHEVALIER.

Voilà ce que me vaut ta légère cervelle.
Le maudit instrument qu'une langue femelle !
De ses soupçons jaloux pourquoi la guéris-tu ?

LISETTE.

Comment, de ma maîtresse effleurer la vertu !
J'entends venir quelqu'un. Adieu : je me retire.

SCÈNE VI.

LE CHEVALIER, LÉANDRE, CARLIN

LE CHEVALIER, *à part.*

C'est Léandre ; tant mieux : j'ai deux mots à lui dire.
    (*à Léandre.*)
Un sort heureux, monsieur, vous présente à mes yeux.

LÉANDRE, *à Carlin.*
Peut-être elle pourra revenir en ces lieux.
LE CHEVALIER, *à Léandre.*
Je sais que vous voulez devenir mon beau-frère ;
C'est fort bien fait à vous : ma sœur a de quoi plaire ;
Elle est riche en vertus ; pour en argent comptant,
Je crois, sans la flatter, qu'elle ne l'est pas tant.
Quand mon père mourut, il nous laissa pour vivre
Ses dettes à payer, et sa manière à suivre ;
C'est, comme vous voyez, peu de bien que cela.
LÉANDRE, *au chevalier.*
Et n'avez-vous jamais eu que ce père-là ?
LE CHEVALIER, *riant.*
Comment ?
LÉANDRE.
Que cette sœur, monsieur, j'ai voulu dire.
CARLIN.
L'erreur est pardonnable ; il ne faut point tant rire.
LE CHEVALIER.
Je sais votre naissance et votre probité,
Et je suis fort content de vous par ce côté.
Vous n'avez qu'un défaut, qui par-tout vous décèle ;
Dans le fond cependant c'est une bagatelle :
Mais je serois content de vous en voir défait.
Vous êtes accusé d'être un peu distrait ;
Et tout le monde dit que cette léthargie
Fait insulte au bon sens, et vise à la folie.
LÉANDRE.
Chacun ne peut pas être aussi sage que vous :
Tous les hommes, monsieur, sont différemment fous ;
Chacun a sa folie : et j'ai grace à vous rendre
De ne trouver en moi qu'un défaut à reprendre.

ACTE IV, SCÈNE VI.

LE CHEVALIER.

Ce que je vous en dis n'est que par amitié ;
Et je vous trouve, moi, trop sage de moitié.
On ne m'entend jamais censurer ni médire,
Et je ne dis ici que ce que j'entends dire.

LÉANDRE.

On parle volontiers ; mais un homme d'esprit
Doit donner rarement créance à ce qu'on dit.
De louange et d'encens les hommes sont avares ;
Ils font rarement grace aux vertus les plus rares ;
Au lieu qu'avec plaisir, d'une langue sans frein,
De leurs traits médisants ils chargent le prochain.
Je suis toujours en garde, et n'ai pas voulu croire
Cent bruits semés de vous, fâcheux à votre gloire.

LE CHEVALIER.

Que peut-on, s'il vous plaît, monsieur, dire de moi ?
On n'insultera pas ma naissance, je crois.

LÉANDRE.

Non

LE CHEVALIER.

Nul dans l'univers ne peut dire, je gage,
Que dans l'occasion je manque de courage.

LÉANDRE.

Non.

LE CHEVALIER.

Peut-on m'accuser d'être fourbe, flatteur,
Fat, insolent, ingrat, suffisant, imposteur ?

LÉANDRE.

(*il prend sa tabatière, la renverse ; prend ses gants pour son mouchoir.*

Non, vous dis-je, monsieur ; et je ne vois personne
Qui de ces vices-là seulement vous soupçonne :

Mais on ne me dit pas de vous autant de bien
Que je souhaiterois. On dit (je n'en crois rien)
Qu'en discours vous prenez un peu trop de licence ;
Qu'on ne peut se soustraire à votre médisance ;
Que vous parlez toujours avant que de penser ;
Que tout votre mérite est de chanter, danser ;
Que, pour vous faire croire homme à bonne fortune,
Vous passez en hiver des nuits au clair de lune,
A souffler dans vos doigts, et prendre vos ébats
Sur la porte d'Iris, qui ne vous connoît pas ;
Que souvent vous prenez trop de vin de Champagne,
Et qu'il faut que toujours quelqu'un vous accompagne,
Pour pouvoir vous montrer votre chemin la nuit,
Et même quelquefois vous reporter au lit.
Enfin, que sais-je, moi ? l'on charge ma mémoire
De cent mauvais récits, que je ne veux pas croire :
Et tout homme prudent doit se garder toujour
De donner trop crédit à de mauvais discours.

LE CHEVALIER.

Adieu, Carlin, adieu.

CARLIN.

Monsieur de la musique,
Redites-nous encor ce petit air bachique.

SCÈNE VII.

LÉANDRE, CARLIN.

CARLIN.

Vous avez fort bien fait de lui river son clou.
C'est bien à faire à lui de vous appeler fou :
Et vous deviez encor lui mieux laver la tête.

LÉANDRE.

J'ai bien un autre soin qui m'occupe et m'arrête.
Tu t'imagines bien que Clarice en courroux
Se livre tout entière à ses transports jaloux,
Et m'accable des noms d'ingrat et d'infidèle.
D'une autre part aussi que peut dire Isabelle?

CARLIN.

Vous avez tort. Faut-il qu'à chaque instant du jour
Votre distraction nous fasse quelque tour?
Vous avez de l'esprit et de la politesse;
Vous raisonnez parfois comme un sage de Grèce,
Et d'autres fois aussi vos faits et vos raisons
Vous font croire échappé des Petites-Maisons.

LÉANDRE.

Mais, sais-tu bien, maraud, qu'avec ta remontrance,
Tu te feras chasser?

CARLIN.

Monsieur, en conscience
Je ne veux point du tout ici vous corriger.

LÉANDRE.

Ma manière est fort bonne, et n'en veux point changer.
Je ne ressemble point aux hommes de notre âge,
Qui masquent en tout temps leur cœur et leur visage;
Mon défaut prétendu, mon peu d'attention
Fait la sincérité de mon intention;
Je ne prépare point avec effronterie
Dans le fond de mon cœur d'indigne menterie;
Je dis ce que je pense, et sans déguisement;
Je suis sans réfléchir mon premier mouvement;
Un esprit naturel me conduit et m'anime :
Je suis un peu distrait, mais ce n'est pas un crime.

CARLIN.

Ce n'est pas un grand mal. Pour être bel esprit,
Il faut avec mépris écouter ce qu'on dit,
Rêver dans un fauteuil, répondre en coq-à-l'ânes,
Et voir tous les mortels ainsi que des profanes.
Au suprême degré vous avez ce défaut,
Et bien d'autres encor.

LÉANDRE.

(pendant ce couplet, il ôte la cravate à son valet par distraction.)

Te tairas-tu, maraud?...
Un cerveau foible, étroit, qui ne tient qu'une chose,
Peut répondre en tout temps à ce qu'on lui propose;
Mais celui qui comprend toujours plus d'un objet
Peut bien être excusé, s'il est un peu distrait.

CARLIN *remet sa cravate.*

Je vous excuse aussi. Mais permettez, de grace,
Que je remette ici chaque chose en sa place;
Il n'est pas encor temps que je m'aille coucher.

LÉANDRE *déboutonne son valet.*

C'est le moindre défaut qu'on puisse reprocher.
Est-il juste, après tout, que l'on s'assujettisse
A répondre à cent sots selon leur sot caprice?
Ce qu'on pense vaut mieux cent fois que leurs discours.
J'irois de ma pensée interrompre le cours
Pour un jeune étourdi qui me rompt les oreilles
De ses travaux fameux d'amour et de bouteilles;
Pour un plaisant, qui vient de son bruit m'enivrer,
Qui croit me faire rire, et qui me fait pleurer;
Pour un fastidieux, qui n'a pour l'ordinaire
Ni le don de parler ni l'esprit de se taire!

ACTE IV, SCÈNE VII.

CARLIN, *remettant son justaucorps.*

Mais voyez, s'il vous plaît, quelle distraction !

LÉANDRE.

Je crains pour mon amour quelque altération.
La belle est en courroux ; toute mon innocence
Ne me rassure pas, et je crains sa présence.

CARLIN.

Je vous dirai, monsieur, pour sortir d'embarras,
Comme ordinairement j'en use en pareil cas.
Il faudroit qu'une lettre, écrite d'un beau style,
Pût vous rendre auprès d'elle un accès plus facile.
Mandez-lui que tantôt ce que vous avez fait
N'est qu'un coup d'étourdi.

LÉANDRE.

Je serai satisfait
Si la lettre, Carlin, a l'effet que j'espère.

CARLIN.

Une lettre, monsieur, remet bien une affaire ;
Et trois ou quatre mots en hâte barbouillés
Font souvent embrasser des amants bien brouillés.

LÉANDRE.

En cette occasion, Carlin, je te veux croire.
Va vite me chercher la table et l'écritoire.

CARLIN.

Je vais, je cours, je vole, et je reviens à vous.

SCÈNE VIII.

LÉANDRE.

JE veux la rassurer de ses soupçons jaloux,
Dissiper son erreur. Oui, charmante Clarice,
Vous verrez que mon cœur, dépouillé d'artifice,

Ne brûle que pour vous d'un véritable feu ;
Et ma main, sur-le-champ, en va signer l'aveu.

SCÈNE IX.
CARLIN, LÉANDRE.

CARLIN, *présentant un livre à son maître.*
Tenez, monsieur, voilà...

LÉANDRE.
      Comment ! Es-tu donc ivre ?
Pour écrire un billet tu m'apportes un livre !

CARLIN.
Ah ! vous avez raison. On hurle avec les loups ;
Et je serai bientôt aussi distrait que vous.
Votre absence d'esprit est une maladie
Qui se gagne aisément.

LÉANDRE.
     Eh ! tais-toi, je te prie ;
Ne me fatigue point par tes mauvais discours.
Les valets sont fâcheux, et font tout à rebours.

CARLIN, *apportant une table et une écritoire.*
Pour écrire, à ce coup, j'apporte toute chose.

LÉANDRE *s'assied pour écrire.*
Donne-moi promptement.

CARLIN
     Voyons de votre prose.
Si pour vous d'Apollon les trésors sont ouverts,
Vous pouvez même aussi vous escrimer en vers,
En sonnet, en ballade, en ode, en élégie.
Le sexe aime les vers.

LÉANDRE *change plusieurs fois de plume, qu'il
  trempe dans la poudre pour le cornet.*
     Quelque mauvais génie

ACTE IV, SCÈNE IX.

Des plumes que je prends vient empêcher l'effet.

CARLIN.

Je le crois bien, monsieur; car voilà le cornet,
Et dans le poudrier vous trempiez votre plume

LÉANDRE.

Tu peux avoir raison; c'est contre ta coutume.

CARLIN, *à part.*

L'écriture est un art bien utile aux amants :
Petits soins, rendez-vous, doux raccommodements,
Promesse d'épouser, plainte, douceur, rupture,
Tout cela se trafique avecque l'écriture.
Si le papier qui sert aux amoureux billets
Coûtoit comme celui qu'on emploie au palais,
Cette ferme en un an produiroit plus de rente
Que le papier timbré ne peut rendre en quarante.

LÉANDRE *renverse sur sa lettre le cornet pour la poudre.*

Ma lettre est achevée...

CARLIN.

Ah ! perdez-vous l'esprit ?
Vous versez à grands flots l'encre sur votre écrit.
Quelle est donc, s'il vous plaît, cette façon de peindre ?

LÉANDRE.

De mon esprit trop prompt c'est à moi de me plaindre ?

CARLIN, *montrant la lettre.*

Le bel écrit, ma foi, pour un traité de paix !
On croira qu'un démon en a formé les traits ;
Les experts écrivains s'y donneront au diable ;
Je tiens dès à présent la lettre indéchiffrable.

LÉANDRE *se remet à écrire.*

Il faut recommencer; le mal n'est pas bien grand,

Je ne plains point, Carlin, la peine que je prend.

CARLIN.

C'est très bien fait. Mais moi, je plains fort Isabelle.

LÉANDRE.

Isabelle ?

CARLIN.

Oui, monsieur.

LÉANDRE, *écrivant.*

Ne me parle point d'elle.

CARLIN.

Soit. Quand d'une cruelle on veut toucher le cœur,
C'est un style éloquent qu'un billet au porteur,
Qui vaut mieux qu'un discours rempli de fariboles.
Si vous vous en serviez...

LÉANDRE.

Fais trève à tes paroles.

CARLIN, *à part.*

Quand une belle voit, comme par supplément,
Quatre doigts de papier plié bien proprement
Hors du corps de la lettre, et qu'avant sa lecture
(Car c'est toujours par-là que l'on fait l'ouverture)
On voit du coin de l'œil sur ce petit papier...

Léandre écoute Carlin, et par distraction écrit ce qu'il dit.

CARLIN.

« Monsieur, par la présente, il vous plaira payer
Deux mille écus comptant, aussitôt lettre vue,
A damoiselle, en blanc, d'elle valeur reçue. »
Et Dieu sait la valeur ! un discours aussi rond
Fait taire l'éloquence et l'art de Cicéron.

LÉANDRE, *écrivant.*

Cela peut être vrai pour de serviles ames
Qui trafiquent un cœur.

CARLIN.

Aujourd'hui bien des femmes
Se mêlent du trafic.

LÉANDRE.

J'ai fini. Je n'ai plus
Qu'à cacheter ma lettre, et mettre le dessus.

CARLIN.

Le ciel en soit loué ! me voilà hors de crise.
Je tremblois de vous voir faire quelque méprise.
Vous avez plus d'esprit que je ne l'eusse cru ;
Et j'attendois encore un trait de votre cru.

LÉANDRE.

Tu deviens insolent.

CARLIN.

Ce n'est que par tendresse

LÉANDRE.

Tiens, porte de ce pas la lettre à son adresse.
De ton zèle empressé j'attends tout dans ce jour,
Et me remets sur toi du soin de mon amour.

CARLIN.

Pour vous servir plus vite en cette conjoncture,
Je m'en vais emprunter les ailes de Mercure.

SCÈNE X.

CARLIN.

Allons nous acquitter de notre honnête emploi ;
Remettons deux amants... Mais qu'est-ce que je voi ?

« Pour Isabelle. » Oh, diable ! aurois-je la berlue ?
Quelque nuage épais m'obscurcit-il la vue ?
Mais non, j'ai, grace au ciel, encore deux bons yeux.
Monsieur, monsieur... Il est déjà loin de ces lieux.
Il me semble pourtant que, selon tout indice,
Le billet que je tiens doit aller à Clarice.
Mais le nom d'Isabelle est peint sur ce papier.
Ne me joueroit-il point un tour de son métier ?
Il peut se faire aussi qu'il instruise Isabelle
De l'état de son cœur, et qu'il rompt avec elle,
Lui donne en peu de mots son congé par écrit.
Oui, voilà ce que c'est, et le cœur me le dit.
Ah ! qu'un maître est heureux, quand un valet habile
A la conception et légère et facile !
Il peut se fourvoyer sans rien appréhender :
Et de tels serviteurs sont nés pour commander.

FIN DU QUATRIÈME ACTE.

ACTE CINQUIÈME.

SCÈNE I.

ISABELLE, LISETTE, CARLIN.

ISABELLE, *tenant une lettre ouverte.*

Croit-il que de mon cœur je sois embarrassée,
Et que de l'engager on ait eu la pensée ?
CARLIN, *à Isabelle.*
Je ne dis pas cela.
LISETTE, *à Carlin.*
Dans son petit cerveau
Pense-t-il que l'on soit bien tenté de sa peau,
Et de la tienne aussi ?
CARLIN, *à Lisette.*
Je ne l'ai pas trop rude.
ISABELLE.
Pour m'outrager encore il a mis tant d'étude
A m'offrir un billet pour Clarice dicté.
CARLIN, *à part.*
Le traître a fait le coup, je m'en suis bien douté.
ISABELLE.
Mon parti sur ce point est fort facile à prendre.
CARLIN, *à Isabelle.*
Madame, écoutez-moi.

ISABELLE.

Je ne veux rien entendre.

CARLIN.

Mais, de grace, un seul mot.

LISETTE.

Sors d'ici, malheureux :
Va-t'en porter ailleurs ton cartel amoureux.

CARLIN.

On ne traita jamais un courrier de la sorte.

LISETTE.

Détalons.

CARLIN.

Vous saurez...

LISETTE.

Gagneras-tu la porte ?

CARLIN.

Mais tu perds le respect; je suis ambassadeur.

LISETTE.

Sortiras-tu d'ici, postillon de malheur ?

SCÈNE II.

ISABELLE, LISETTE.

LISETTE.

Il est enfin parti, malgré son éloquence.
Mais d'un autre côté le chevalier s'avance.

SCÈNE III.

LE CHEVALIER, ISABELLE, LISETTE

LE CHEVALIER, *à Isabelle*.

Eh bien ! la mère encor fait-elle le lutin ?
Pourrons-nous nous soustraire à son brusque chagrin ?

LISETTE.

Vous savez son humeur. Ah, juste ciel ! je tremble ;
Elle peut revenir et nous trouver ensemble.

LE CHEVALIER.

Que ce soin ne vous fasse aucune impression :
Je vous prends en ces lieux sous ma protection.
N'êtes-vous pas ma femme ? et, pour hâter les choses,
J'ai dressé le contrat moi-même avec les clauses,
Dont mon oncle est porteur.

LISETTE.

Tout est bien avancé,
Puisque déjà par vous le contrat est dressé ;
Et l'aveu de la mère est une bagatelle.

ISABELLE.

Nous aurons de la peine à venir à bout d'elle.

LE CHEVALIER.

Avant d'accorder tout à mon juste transport,
Je veux sur son esprit faire un dernier effort,
Me jeter à ses pieds, lui dire mes alarmes,
Crier, gémir, pleurer ; car j'ai le don des larmes.
Lisette m'appuiera. Malgré son noir chagrin,
Nous la flatterons tant, qu'il faudra bien enfin
Qu'elle me cède un bien dont mon amour est digne.

LE DISTRAIT.

LISETTE.

Bon ! bon ! plus on la flatte, et plus elle égratigne ;
C'est un esprit rétif, et qu'on ne réduit pas.
Mais je vois votre sœur tourner ici ses pas.

SCÈNE IV.

LE CHEVALIER, CLARICE, ISABELLE, LISETTE.

LE CHEVALIER, *à Clarice.*

Eh bien ! ma chère sœur, quel soin ici t'amène ?
Et quelle intention est maintenant la tienne ?
As-tu pris ton parti ?

CLARICE.

J'espère qu'à la fin
Mon oncle avec Léandre unira mon destin.

ISABELLE, *à Clarice.*

Tant mieux. Mais puisqu'enfin vous épousez Léandre,
L'amitié, la raison, m'obligent à vous rendre
Un billet amoureux qu'il m'écrit. Le voici.

CLARICE.

De Léandre ?

ISABELLE.

De lui.

LE CHEVALIER, *à Isabelle.*

Quel rôle fais-je ici ?
Un rival odieux auroit pu vous écrire ?

ISABELLE, *au chevalier.*

De ce qui s'est passé je saurai vous instruire :

ACTE V, SCÈNE IV.

Suivez-moi seulement, et demeurez en paix.
(*à Clarice.*)
Tenez, voilà la lettre, et le cas que j'en fais.
Adieu.

LE CHEVALIER.
(*à Isabelle.*)
Bon soir, ma sœur. Il faut aller, madame,
Faire un dernier effort pour couronner ma flamme.

SCÈNE V

CLARICE.

L'ai-je bien entendu ? dois-je en croire mes yeux ?
Mais je puis sur-le-champ m'éclaircir encor mieux.
Lisons. « Pour Isabelle. » O ciel ! je suis trahie.
Je vois, je tiens, je sens toute sa perfidie.
Mais je vois son valet.

SCÈNE VI.

CARLIN, CLARICE.

CLARICE.
Approche, monstre affreux,
Ministre impertinent d'un maître malheureux.
A qui va cette lettre ? est-ce pour Isabelle ?

CARLIN.
Madame, c'est pour elle, et ce n'est pas pour elle.

CLARICE.
Avec ces vains détours penses-tu me tromper ?
Voyons. Demeure là ; ne crois pas m'échapper.
(*elle lit.*)
« Je suis au désespoir, mademoiselle, que l'a-

« venture du cabinet vous ait donné quelque
« soupçon de ma fidélité. »
Viens-çà, maraud ; réponds, parle.

(Elle le prend par la cravate.)

CARLIN.

Miséricorde !
Cette lettre est pour nous la pomme de discorde.
Ouf ! hai ! je n'en puis plus, vous serrez le sifflet.
Mais, du moins, jusqu'au bout lisez donc le billet.

CLARICE.

Que je lise, maraud ! Que veux-tu qu'il m'apprenne ?
De ses déloyautés ne suis-je pas certaine ?

CARLIN.

Si mon maître est ingrat, puis-je mais de cela ?
Mais il vient ; vous pouvez l'étrangler : le voilà.

SCÈNE VII.

LÉANDRE, CLARICE, CARLIN.

(Léandre est plongé dans la rêverie.)

CLARICE, *à part.*

J'ai peine, en le voyant, à tenir ma colère

CARLIN, *bas, à Clarice.*

Ne parlons pas trop haut de peur de la distraire.

CLARICE.

Vous voilà donc, monsieur ! Cherchez-vous en ces lieux
Que ma rivale encor se présente à mes yeux ?

LÉANDRE, *sortant de sa rêverie.*

Ah ! madame : à propos avez-vous lu ma lettre ?

CLARICE.

Oui, traître ! ma rivale a su me la remettre ;

ACTE V, SCÈNE VII

Je la tiens d'Isabelle; et le cas qu'elle en fait
Peut me venger assez de ton lâche forfait.

LÉANDRE.

Un autre que Carlin en vos mains l'a remise?
Le maraud! je saurai châtier sa méprise;
Je le rouerai de coups : le coquin tous les jours
Lasse ma patience, et me fait de ces tours.
Je le vois. Viens-çà, traître ; aux dépens de ta vie
Je veux tirer raison de cette perfidie.
Tu mourras de ma main.

CARLIN.

Ah! monsieur, doucement!
Grâce; je n'ai point fait encor mon testament.
(à part.)
Non, je n'ai jamais vu de pièce d'écriture
Faire tant de procès.

LÉANDRE.

Parle sans imposture;
Qu'as-tu fait de ma lettre? et quel affreux démon
Te pousse à me trahir d'une telle façon?

CARLIN.

Moi, monsieur, vous trahir! je vous sers avec zèle;
Je l'ai mise avec soin dans les mains d'Isabelle.

LÉANDRE, *tirant son épée.*

Et voilà pour ta mort l'arrêt tout prononcé.

CARLIN.

Quelle faute ai-je fait?

LÉANDRE.

Quelle faute, insensé!

CARLIN.

Oui, vous avez raison de vous faire justice.

LÉANDRE.

Ne t'avois-je pas dit de la rendre à Clarice?

CARLIN.

A Clarice, monsieur? je veux être pendu
Si je me ressouviens de l'avoir entendu.

LÉANDRE.

Mais le dessus écrit suffit pour te confondre;
A ce témoin muet que pourras-tu répondre?
 (à Clarice.)
Pour lui faire sentir son peu de jugement,
De grace, prêtez-moi cette lettre un moment.
(Il prend la lettre.)

CARLIN, *à part.*

Bon! c'est où je l'attends.

LÉANDRE.

Viens, tête sans cervelle;
Lis avec moi, bourreau! lis donc... « Pour Isabelle. »

CARLIN.

Pouf! il faut l'avouer, vous avez, à mon gré,
La présence d'esprit au suprême degré.
Lis donc, bourreau! lis donc.

LÉANDRE.

Ah! de grace, madame,
Pardonnez mon erreur en faveur de ma flamme:
Mon cœur n'a point de part au crime de ma main.

CLARICE.

Vous tâchez, inconstant, à me séduire en vain;
Mais je ne reçois point un grossier artifice.

CARLIN.

Je réponds pour mon maître, il n'a point de malice;
Et, s'il n'étoit point fou, je veux dire distrait,
Ce seroit, je vous jure, un garçon tout parfait.

ACTE V, SCÈNE VII.

LÉANDRE.

Mais, si vous avez lu le dedans de ma lettre,
De ces soupçons cruels elle a dû vous remettre.

CLARICE.

Ma curiosité m'en a fait lire assez;
Je n'en ai que trop lu.

CARLIN.

Mon Dieu! recommencez.
En changeant le dessus, nous changeons bien la thèse.
Vous avez le bras bon, soit dit par parenthèse.

CLARICE, *lisant*.

« Je suis au désespoir que l'aventure du cabi-
« net vous ait pu donner quelque soupçon de ma
« fidélité. Votre rivale ne servira qu'à rendre votre
« triomphe plus parfait. Monsieur, par la présente,
« il vous plaira payer à damoiselle, en blanc,
« d'elle valeur reçue; et Dieu sait la valeur! »

CARLIN.

Fi donc, madame, fi! vous moquez-vous de moi?
Cela n'est point écrit.

CLARICE.

Vois donc.

CARLIN, *à Léandre*.

Ah! par ma foi,
Votre méprise ici me paroît fort étrange.
Quoi! vos billets d'amour sont des lettres de change?
Vous aurez bientôt fait votre paix à ce prix.

LÉANDRE.

C'est ce malheureux-là qui, pendant que j'écris,
M'embarrasse l'esprit de ses impertinences.

CARLIN.

J'ai diablement d'esprit; on écrit mes sentences.

CLARICE, *continuant de lire.*

« Oui, belle Clarice, je n'adore que vous, et
« fais tout mon bonheur de vous aimer le reste de
« ma vie. »

CARLIN, *à Clarice.*

Vous trouvez maintenant les termes plus coulants;
Et vous ne venez plus pour étrangler les gens.

CLARICE.

Je respire. Ah! Carlin, c'est une joie extrême
De trouver innocent un coupable qu'on aime;
Et que, sans nul effort, on fait un prompt retour
Des mouvements jaloux aux transports de l'amour!

LÉANDRE.

A mes distractions faites grace, madame;
Nul autre objet que vous ne règne dans mon ame.

CARLIN, *à Clarice.*

C'est une vérité; le plaisir qu'il reçoit
Fait qu'il ne vous croit pas où souvent il vous voit.
Voici monsieur votre oncle. A vos vœux tout conspire.

SCÈNE VIII

VALÈRE, LÉANDRE, CLARICE, CARLIN.

VALÈRE, *à Léandre.*

Avec empressement, monsieur, je viens vous dire
Que mon plaisir seroit de pouvoir, en ce jour,
Au gré de vos souhaits contenter votre amour.

LÉANDRE, *à Valère.*

Je crois qu'à mes désirs vous n'êtes point contraire.

ACTE V, SCÈNE VIII.

VALÈRE.

Je donne volontiers les mains à cette affaire.
Mais il faut du dédit encor vous délier,
Et procurer de plus l'hymen du chevalier.
Nous nous trouvons toujours dans une peine extrême.

CARLIN.

Il me vient dans l'esprit un petit stratagème.
(à Léandre.)
La vieille ne songeoit, dans votre engagement,
Qu'au bien qu'on vous devoit laisser par testament?

LÉANDRE.

Non, sans doute.

CARLIN.

L'on peut dresser quelque machine,
Faire jouer sous main quelque secrète mine...

VALÈRE.

J'ai déjà dans ma poche un contrat.

CARLIN.

Bon, tant mieux.
La mère ne sait point que je suis en ces lieux;
Elle ne m'a point vu : je puis aisément dire
Ce que pour vous servir mon adresse m'inspire.

VALÈRE.

Mais crois-tu...?

CARLIN.

Laissez-moi, l'affaire est dans le sac.

VALÈRE.

J'entends venir quelqu'un. C'est madame Grognac.

CARLIN.

Je vais tout préparer pour que la mine joue;
Et vous, ne manquez pas de pousser à la roue.

SCÈNE IX.

VALÈRE, M^(ME) GROGNAC, ISABELLE, LE CHEVALIER, CLARICE, LÉANDRE.

LE CHEVALIER, *à madame Grognac.*

Le dessein en est pris ; je ne vous quitte point
Que je ne sois enfin satisfait sur ce point.
Je prétends, malgré vous, devenir votre gendre :
Vous ne sauriez mieux faire ; et, pour vous en défendre,
Vous avez beau pester, crier, tempêter...

MADAME GROGNAC, *au chevalier.*

Ouais !
Je vous trouve plaisant ! Au gré de mes souhaits
Je ne pourrai donc pas disposer de ma fille ?
Monsieur, je ne veux point de fou dans ma famille.

LE CHEVALIER.

Là, là... doucement.

MADAME GROGNAC.

Paix.

ISABELLE.

Ma mère...

MADAME GROGNAC.

Taisez-vous.

LE CHEVALIER.

Un peu de naturel.

MADAME GROGNAC.

Non.

VALÈRE, *à madame Grognac.*

Calmez ce courroux.

ACTE V, SCÈNE IX.

MADAME GROGNAC, *à Valère.*

Vous, calmez, s'il vous plaît, votre langue indiscrète,
Ennuyeux harangueur. C'est une affaire faite,
Monsieur sera mon gendre ; et, pour me délivrer
Des importunités qui pourroient trop durer,
J'ai mandé tout exprès en ces lieux un notaire.

LE CHEVALIER.

Moi, je m'inscris en faux contre ce qu'il peut faire.

MADAME GROGNAC.
(à Léandre.)

Mais où sommes-nous donc ? Vous, monsieur le distrait,
Vous êtes là debout planté comme un piquet.

VALÈRE.

Il ne répond point trop aux offres que vous faites.

MADAME GROGNAC, *à Valère.*

Monsieur, guérissez-vous des soucis où vous êtes :
Quand il ne voudroit point encor se marier,
Je n'aurai point recours à votre chevalier,
Un fat dont la conduite est tout impertinente...

VALÈRE, *à part.*

Et qui lui fait danser quelquefois la courante.

MADAME GROGNAC.

Un petit libertin qui doit de tous côtés,
Un étourdi fieffé.

LE CHEVALIER, *à madame Grognac.*
Passons les qualités ;
Cela ne rendra pas le contrat moins valide.

SCÈNE X.

VALÈRE, Mme GROGNAC, CLARICE, ISABELLE, LE CHEVALIER, LÉANDRE, LISETTE; CARLIN, *en courrier.*

LISETTE.

Place, place au courrier qui vient à toute bride.

CARLIN, *à Léandre.*

Ah! monsieur, vous voilà. Quelle fatalité!
Votre oncle ici m'envoie... Ouf, je suis éreinté...
Pour vous dire... Attendez...

CLARICE, *à Carlin.*

Tu nous fais bien attendre

LÉANDRE, *à Carlin.*

N'as-tu point de sa part quelque lettre à me rendre?

CARLIN.

Non; depuis qu'il est mort le défunt n'écrit plus.

LE CHEVALIER, *riant.*

C'est Carlin.

CARLIN, *au chevalier.*

Ah! monsieur, vos ris sont superflus;
De vos pleurs bien plutôt lâchez ici la bonde,
En apprenant le coup le plus fatal du monde,
Et qui fera trembler les pâles héritiers
Jusque dans l'avenir de vos neveux derniers.

CLARICE, *à Carlin.*

Dis-nous donc, si tu veux, cette action si noire.

CARLIN.

La volonté de l'homme est bien ambulatoire!
(*à Léandre.*)
A grand'peine au bon homme aviez-vous dit adieu,

Qu'il a fait appeler le notaire du lieu ;
Et, n'écoutant alors qu'un aveugle caprice,
Bien informé d'ailleurs que vous aimiez Clarice,
Et que vous deveniez réfractaire à ses lois,
Refusant d'épouser celle dont il fit choix ;
Sans avoir, en mourant, égard à ma prière,
Il a testamenté tout d'une autre manière ;
Et l'avare défunt, descendant au cercueil,
Ne vous a pas laissé de quoi porter le deuil.

MADAME GROGNAC.

Ah ! juste ciel ! qu'entends-je ?

CARLIN.

O cruelle disgrace !
Nous voilà pour jamais réduits à la besace.

MADAME GROGNAC.

Le défunt a bien fait, et je l'en applaudis ;
Il devoit, à mon sens, encore faire pis.

CARLIN.

Hélas ! qu'auroit-il fait ?

MADAME GROGNAC, *à Carlin.*

Ta plainte m'importune.

(*à Léandre.*)

Vous, monsieur, vous pouvez chercher ailleurs fortune ;
Votre hymen à présent ne me convient en rien :
Pour épouser ma fille il faut avoir du bien.

VALÈRE, *à madame Grognac.*

Mon neveu ne craint point la disgrace cruelle
D'un pareil testament. S'il épouse Isabelle,
Je lui donne à présent mon bien après ma mort.
En faveur de l'amour faites-vous cet effort.

MADAME GROGNAC.

Il est bien étourdi.

LE CHEVALIER.

Dans peu je me propose
De l'être encore plus : si je vaux quelque chose,
C'est par-là que je vaux, et par ma belle humeur.

MADAME GROGNAC, *au chevalier.*

Euh ! j'ai cette courante encore sur le cœur.

VALÈRE, *à madame Grognac, lui présentant un contrat tout dressé.*

Signez donc ce papier... Une plume, Lisette.

LISETTE, *donnant une plume.*

Voilà tout ce qu'il faut.

MADAME GROGNAC, *signant.*

C'est une affaire faite :
Je signerai, pourvu que vous me promettiez
Qu'il deviendra plus sage, et que vous le signiez.

VALÈRE.

(*à Léandre.*)

D'accord. Vous, pour le prix d'une juste tendresse,
Soyez heureux, monsieur; je vous donne ma nièce.

MADAME GROGNAC, *à Valère.*

Comment donc ! rêvez-vous, monsieur ? Êtes-vous fou,
De donner votre nièce à qui n'a pas un sou ?

VALÈRE, *à madame Grognac*

Il ne faut pas ici plus long-temps vous séduire :
Et vous me permettrez maintenant de vous dire
Que ce faux testament, madame, n'est qu'un jeu
Inventé par Carlin pour tirer votre aveu.

MADAME GROGNAC, *à Carlin.*

Parle.

CARLIN, *à part.*

Le dénouement est bien prêt à se faire.

MADAME GROGNAC, *à Carlin.*
Ne nous as-tu pas dit que l'oncle, en sa colère,
A d'autres qu'à Léandre avoit laissé son bien ?
CARLIN.
Ma foi, je le croyois. Mais, puisqu'il n'en est rien,
Le ciel en soit loué !
MADAME GROGNAC.
Je suis assassinée.
LISETTE, *à madame Grognac.*
Il ne faut point ici tant faire l'étonnée :
C'est vous qui nous montrez à choisir un mari.
Quand votre époux, jadis grand gruyer de Berry,
Voulut vous enlever, vous le laissâtes faire :
Votre fille est encor plus sage que sa mère.
MADAME GROGNAC, *à Isabelle.*
Coquine !
ISABELLE, *à Madame Grognac.*
Écoutez-moi.
MADAME GROGNAC, *à Isabelle.*
Taisez-vous, s'il vous plaît.
LE CHEVALIER, *à madame Grognac.*
J'ai, si vous la grondez, un menuet tout prêt.
CARLIN, *à madame Grognac.*
Vous paierez le dédit, parbleu.
VALÈRE, *à madame Grognac.*
De bonne grace,
Puisque tout est signé, que la chose se fasse.
Pour apporter la paix et calmer votre esprit,
Je m'oblige pour vous à payer le dédit ;
Et je donne de plus cette somme à ma nièce.

MADAME GROGNAC.

Je suis au désespoir. C'est à moi qu'on s'adresse
(à Valère.)
Pour faire de ces tours ! Vous saurez, en un mot,
Que je ne donnerai pas cela pour sa dot.
Fasse, qui le voudra, les frais du mariage ;
Vous l'avez commencé, finissez votre ouvrage :
Et je prétends de plus qu'en formant ces liens
On les sépare encore et de corps et de biens.
(Elle sort.)

SCÈNE XI.

VALÈRE, LE CHEVALIER, LÉANDRE, CLARICE, ISABELLE, LISETTE, CARLIN.

VALÈRE.

Rentrons ; et sur-le-champ terminons cette affaire.

LE CHEVALIER, à Clarice et à Isabelle.

Allons, embrassez-vous, vous ne sauriez mieux faire ;
Vous serez belles-sœurs. Mais, sur-tout, gardez-vou
De prendre à l'avenir le même rendez-vous.

ISABELLE.

Lorsque j'en donnerai je serai plus secrète.

CLARICE.

Une autre fois aussi je serai plus discrète.

SCÈNE XII.

LÉANDRE, CARLIN.

LÉANDRE.

Toi, Carlin, à l'instant prépare ce qu'il faut
Pour aller voir mon oncle, et partir au plus tôt

CARLIN.

Laissez votre oncle en paix. Quel diantre de langage !
Vous devez cette nuit faire un autre voyage :
Vous n'y songez donc plus ? vous êtes marié.

LÉANDRE.

Tu m'en fais souvenir, je l'avois oublié.

SCÈNE XIII.

CARLIN.

Ah, ciel ! un jour de noce oublier une femme !
Cette erreur me paroît un peu digne de blâme :
Pour le lendemain, passe ; et j'en vois aujourd'hui
Qui voudroient bien pouvoir l'oublier comme lui.

FIN DU DISTRAIT.

TABLE

DES MATIÈRES.

	pages
La Sérénade.	17
Le Joueur.	69
Le Distrait.	185

FIN DE LA TABLE DU PREMIER VOLUME.

LIMOGES ET ISLE,
Imp. MARTIAL ARDANT FRÈRES.

EN VENTE,

A LA MÊME LIBRAIRIE

RÉPERTOIRE DES CHEFS D'ŒUVRE DU THÉATRE FRANÇAIS.

CLASSIQUES DE PREMIER ORDRE,

Formant 29 jolis volumes in-18. *Prix :* 21 f.

(Chaque Auteur se vend aussi séparément.)

	f.	c.
Chefs-d'œuvre de Pierre et de Thomas CORNEILLE, 5 vol. in-18.	3	50
— de CRÉBILLON, 3 vol. in-18.	2	10
— de MOLIÉRE, fig., 6 gros vol. in-18.	5	»
— de RACINE, 6 vol. in-18.	4	50
— de REGNARD, 4 vol. in-18.	2	80
— de VOLTAIRE, 5 vol. in-18.	3	50

Ces 29 volumes forment une Bibliothèque à bon marché des Chefs-d'œuvre de la Littérature française.

www.ingramcontent.com/pod-product-compliance
Lightning Source LLC
Chambersburg PA
CBHW050628170426
43200CB00008B/924